Diventa il tuo miglior successo

....

Sfrutta tutto il tuo potenziale, cambia la tua mentalità, costruisci abitudini sane e un'autodisciplina da Samurai.

Con questo libro scoprirai finalmente come prendere in mano la tua vita, adesso!

•

Tony Jerome

★ *Mental Coach* ★

Traduzione ed adattamento a cura di Sofia Barberi

Indice

INTRODUZIONE 6

BASTA ESSERE PIGRI! 8

DETERMINAZIONE CONTRO TALENTO.................................12

SBLOCCA LA TUA MENTE. 20

SCEGLI IL BINARIO GIUSTO. 28

DIVENTATE COMBATTENTI, INIZIATE LA BATTAGLIA. 32

UNA BREVE STORIA SUL GIUDIZIO DEGLI ALTRI. 46

INPUT / OUTPUT 48

LE VITE DEGLI ALTRI. 52

IL VIAGGIO INTERSTELLARE. 56

DIVENTATE L'ARABA FENICE. 60

LA SFORTUNA NON ESISTE. 62

DECIDI, ELIMINA, AGISCI. 66

FAI QUESTE COSE QUANDO TI SVEGLI? 70

I TUOI BUONI PROPOSITI, SEGUI IL *BUSHIDO*. 74

IL PENSIERO LATERALE. 80

IL MERITATO RIPOSO. 88

LA GRATITUDINE. 90

FOCUS E GESTIONE DEL TEMPO. 96

LA REGOLA DEL 40% DEI NAVY SEAL. 100

SBAGLIA! TI SERVIRÀ. 104

IL TUO PEGGIOR NEMICO. 108

"NON FARE OGGI QUELLO CHE PUOI FARE DOMANI" 112

LA GESTIONE DELLE EMOZIONI. 114

IL SALTO QUANTICO, CAPITOLO BREVE MA POTENTE. 116

PENSA IN GRANDE, PIÙ GRANDE! 118

LA PAROLA PIÙ IMPORTANTE: PERSEVERANZA. 120

MI MERITO IL MIO SUCCESSO? 122

HAI RIMPIANTI? 126

CONCLUSIONE.. 128

Introduzione

"Il battito d'ali di una farfalla in Giappone può provocare un tornado in Texas"

Hai mai sentito questa frase? Si chiama "effetto farfalla", ossia la dipendenza di un sistema complesso dalle condizioni iniziali. Queste possono variare di gran lunga lo stato di questo sistema nel lungo periodo.

Ora guarda questa foto.

$$0{,}99^{365} = 0{,}03$$
$$1{,}01^{365} = 37{,}8$$

Cosa ti ricorda?
Proprio questo effetto:
0,99 alla 365 ha come risultato 0,03
Mentre 1,01 alla 365 ha come risultato 37,8

Una bella differenza no?

Fare quel poco in più ogni giorno, anche se ti sembra inutile, nel tempo ti porterà NECESSARIAMENTE dei vantaggi enormi.

Vuoi avere più successo nello studio? Studia un'ora in più al giorno.
Vuoi fare più soldi? Lavora di più ogni giorno per quel determinato obiettivo
Vuoi essere più in forma? Allenati meglio e di più ed in maniera più intelligente.

Potrei continuare all'infinito, ma il punto è questo: quando pensi di non aver raggiunto un obiettivo da te prefissato (e già qui, complimenti, perché almeno l'80% delle persone non hanno obiettivi), chiediti:
Ho fatto il massimo che potevo?
Potevo dare di più?
Ho dato di più ogni giorno?
Se la risposta è NO, allora chiediti: ha avuto senso festeggiare per un obiettivo mancato?
Anche durante le feste comandate? (se si chiamano "comandate", avranno un motivo...).

Qui nessuno regala niente, bisogna avere fame.
Fame di vittorie, fame di successo, fame di voler essere completamente diverso da quello che ci circonda!
Non essere il caprone che segue il branco. Essere la pecora nera, è un bene!
Leggi questo libro e ripetilo, studialo come un mantra, qualcosa si fisserà nella tua mente e vedrai dei miglioramenti in te che non avresti mai considerato possibili.
Non è solo una lettura, è un percorso di cambiamento.

Basta essere pigri!

Non molti conoscono le vere cause della nostra pigrizia. Prenderne consapevolezza può aiutarti a combattere la pigrizia.

"La pigrizia non è altro che l'abitudine di riposarsi prima di diventare stanchi."
Jules Renard.

Un recente studio condotto presso la University College di Londra ha messo in evidenza una sconvolgente realtà:
Siamo pigri, dannatamente pigri!
Beh, in realtà non c'è nulla di sconvolgente: la pigrizia è del tutto naturale. Anzi, la natura stessa è pigra.
Pensa all'acqua, all'elettricità o al tuo gatto: scelgono sempre il percorso di minor resistenza.
Ciò che ho trovato particolarmente interessante dello studio inglese non sono state quindi le sue conclusioni (ovvie), quanto piuttosto le motivazioni, individuate dai ricercatori, alla base di questa nostra innata pigrizia.
Insomma, c'è una ragione ben precisa se preferiamo il divano alla palestra, il dolce all'insalata o Netflix all'esame di Diritto Privato e questa ragione non necessariamente è quella che molti si aspettano…

L'esperimento sulla pigrizia, l'esperimento condotto dai ricercatori inglesi è stato alquanto ingegnoso.

I partecipanti sono stati messi di fronte ad uno schermo a cui era collegata una leva, simile ad un joystick.
Sullo schermo è stata poi proiettata una "nuvola" di puntini, che poteva spostarsi o verso destra o verso sinistra. Tutto quello che

dovevano fare i partecipanti era muovere la leva (il joystick) nella stessa direzione in cui stava andando la nuvola di puntini in quel momento.

Come potrai immaginare, la totalità dei partecipanti è riuscita a portare a termine il semplice compito che gli era stato assegnato.

Questo finché, a loro insaputa, i ricercatori non hanno introdotto una piccola variante.

La leva usata dai partecipanti infatti era truccata e nel corso dell'esperimento, ad un certo punto, diventava leggermente più dura ogni volta che il partecipante iniziava a spostarla nella direzione in cui stava andando la "nuvola" dei puntini.

Risultato?

La stragrande maggioranza dei partecipanti ha iniziato a muovere il joystick nella direzione opposta rispetto al verso delle immagini mostrate sullo schermo.

Tra l'altro questo cambio comportamentale è avvenuto completamente a livello subconscio.

Addirittura la quasi totalità delle persone, al termine dell'esperimento, ha affermato con sicurezza di aver sempre mosso la leva nella direzione della nuvola di puntini, come da istruzioni ricevute.

In pratica il cervello dei partecipanti li ha ingannati pur di fargli prendere il sentiero di minor resistenza.

Per spiegare questo fenomeno, i ricercatori hanno fatto ricorso a questa interessante metafora…

L'inganno della mela più vicina

Immagina di essere in un frutteto e di dover raccogliere delle mele.

Probabilmente le sceglieresti in base alla loro dimensione, alla loro forma e al loro colore, giusto?

Sbagliato!

La verità è che la tua decisione probabilmente sarebbe influenzata anche dalla posizione delle mele: il tuo cervello insomma ti spingerebbe a credere che le mele che sono più facili da raggiungere sono anche le più belle e succose.

A quanto pare la fiaba della volpe e l'uva è più reale di quanto pensassimo.

In definitiva, siamo per natura pigri, tendiamo naturalmente a scegliere il percorso di minor resistenza, non perché sia quello corretto o più adatto a noi, ma perché il nostro cervello ci inganna, rendendo questo percorso più attraente di quello che realmente è.

Insomma, l'obiettivo primario del nostro cervello è farci risparmiare energie, non farci rincorrere gli obiettivi per noi più importanti. E pur di non farci faticare troppo il cervello è disposto a creare una realtà immaginaria (cioè: "scuse").

Perché ricorda: **lo scopo della tua mente è la tua sopravvivenza, non la tua felicità.**

Prendere finalmente consapevolezza di questo ennesimo *bias* cognitivo può fare un'enorme differenza nella nostra vita. Ma vediamo perché…

Vincere la pigrizia grazie al principio di resistenza.

Quello che non ti ho ancora detto, infatti, è che una minoranza dei partecipanti dello studio londinese ha continuato a muovere la leva nella direzione giusta, anche se questo comportava far più fatica.

Ecco, questi "eroi" possono insegnarci qualcosa; possono insegnarci che, a volte, per raggiungere le vette a cui aspiriamo non dobbiamo rifuggire la resistenza che inevitabilmente incontreremo, ma piuttosto dobbiamo andarle incontro.

Questo è quello che chiamo il principio di resistenza.

Lo abbiamo visto, è nella nostra natura scegliere il percorso più facile e anni di condizionamenti e distrazioni a buon mercato non hanno fatto altro che rafforzare questa nostra predisposizione naturale alla pigrizia.

Eppure la resistenza può essere un'eccezionale maestra, una bussola che può guidarci nella realizzazione dei nostri sogni.
Tutto quello che dobbiamo fare è iniziare a guardarla con occhi nuovi. Invece di cadere nell'antico inganno del nostro cervello e considerare gli immancabili ostacoli e le ineluttabili difficoltà come i segnali di un percorso sbagliato, dovremmo imparare a vedere queste resistenze come la conferma che siamo sulla strada giusta. Dovremmo abbracciarle senza esitazione.

Citando Steven Pressfield:
"Quando decidiamo di creare qualcosa – arte, commercio, scienza, amore – o di diventare una versione più alta e nobile di noi stessi, noi scateniamo nell'universo una reazione uguale e contraria. Questa reazione è la Resistenza. La resistenza è una forza attiva, intelligente e maligna – instancabile, implacabile e inesauribile – il cui unico scopo è impedirci di diventare la migliore versione di noi stessi e di raggiungere i nostri obiettivi più ambiziosi. L'universo non ci è indifferente. È attivamente ostile. [...] Non potremo mai eliminare la Resistenza. Non andrà mai via. Ma possiamo superarla in astuzia e arruolare tra le nostre fila alleati altrettanto potenti."
Steven Pressfield.

Ecco, molti para-guru amano raccontarci la storiella dell'Universo pronto ad esaudire ogni nostro desiderio a patto di crederci "forte, forte, forte".
Personalmente ho sempre preferito non prendermi in giro.
A volte, la realtà semplicemente è spiacevole. A volte, per realizzare i nostri obiettivi dobbiamo fare cose che non ci va di fare. A volte, dobbiamo smettere di ingannarci e alzare il fondoschiena.
Oggi non credere a tutto quello che ti racconterà la tua mente: ti sta mentendo.
Non scegliere la strada più facile, scegli la strada giusta.

Determinazione contro talento.

La determinazione, tra le qualità umane è quella che più di ogni altra può incidere sui tuoi successi.

"Resistere significa semplicemente tirar fuori le palle; e minori sono le tue possibilità e più dolce sarà la vittoria."
Charles Bukowski.

Lavora duro. Non ti arrendere. Sii determinato.
Quante volte ti sei ripetuto (o ti hanno ripetuto) queste parole?
Eppure… sotto sotto, tutta questa enfasi sulla forza di volontà non ti ha mai convinto del tutto.
Più ci pensi e più ti vengono in mente esempi di personaggi famosi o conoscenti che hanno raggiunto i loro obiettivi, non tanto grazie alla loro determinazione, quanto piuttosto grazie a fortuna, geni e… talento!
Già. Professiamo pubblicamente il nostro credo nel duro lavoro, ma intimamente continuiamo a ritenere che sia il talento la vera chiave del successo.
E non siamo soli in questa convinzione (che vedremo essere errata).

L'esperimento dei due pianisti: determinazione contro talento.
Nel 2011 la psicologa Chia-Jung Tsay, dello University College London, ha condotto un interessante esperimento. Ha selezionato un gruppo di pianisti esperti e ha chiesto loro cosa fosse più importante per raggiungere il successo: la pratica costante o il talento?
Indovina cosa ha risposto la maggioranza dei pianisti? Pratica e duro lavoro, naturalmente!
A questo punto, la Dott.ssa Tsay ha fatto ascoltare al gruppo di pianisti due registrazioni: un brano suonato da un artista,

considerato un talento nato e ancora lo stesso brano suonato da un pianista che aveva praticato per anni la sua arte.

Indovina quale esecuzione è stata considerata migliore dai pianisti? Quella del talento nato, naturalmente!

Peccato che i due brani proposti agli esperti, in realtà fossero stati suonati esattamente dalla stessa persona.

Non c'è nulla da fare: il mito del talento è duro a morire.

Eppure, sempre più studi ci dimostrano che è la determinazione a contribuire più di ogni altra cosa al nostro successo.

La Dott.ssa Angela Duckworth, autrice del bestseller *"Grinta: il potere della passione e della perseveranza"*, ha addirittura ideato un'equazione per spiegare come la determinazione sia ben esponenzialmente più importante del talento nel raggiungimento dei nostri obiettivi.

I risultati che otteniamo nella nostra vita derivano dalla nostra capacità di mettere a frutto le nostre competenze.

In altre parole:

Successo = Competenze x Impegno

A loro volta, le nostre competenze sono il frutto dei nostri talenti innati e della quantità di pratica che siamo stati in grado di realizzare.

In altre parole:

Competenze = Talento x Impegno

E se la matematica non è un'opinione, questo significa che...

Successo = Talento x Impegno2

Non nasciamo tutti con lo stesso talento, sarebbe stupido negarlo, ma ogni giorno che dedichiamo a perfezionare la nostra "arte" con determinazione, aumentiamo esponenzialmente le nostre chances di successo.

La domanda, quindi è: Come posso diventare più determinato?
Prima di proporti tre strategie per aumentare la tua determinazione,
vorrei che fossimo allineati su cosa significhi davvero essere
determinati come un cinghiale da combattimento.

Innanzitutto posso dirti cosa NON è la determinazione:

- La determinazione NON è cieca perseveranza. Devi
  impegnarti con tutto te stesso su un determinato progetto e
  devi farlo per un tempo sufficientemente lungo, ma devi
  essere anche in grado di rinunciare quando la "data di
  scadenza" sarà giunta.
- La determinazione NON è stupida cocciutaggine. Essere
  determinati non significa intestardirsi su soluzioni sbagliate,
  ma avere la capacità di ripartire con una nuova strategia ogni
  volta che quella adottata fino a quel momento non si è
  dimostrata efficace.

Ma allora cosa significa essere determinati come pochi?
Stiamo parlando della capacità di rincorrere, senza sosta e con
determinazione, un obiettivo a lungo termine a cui teniamo più di
ogni altra cosa.

Essere determinati significa dunque:

- Non arrendersi ai primi segnali di difficoltà.
- Rialzarsi, non una, non due, ma ventisette volte se
  necessario.
- Accettare il disagio del cambiamento.
- Rimanere focalizzati anche quando i risultati non arrivano
  immediatamente.
- Zittire le voci di chi non crede in noi (soprattutto se una di
  quelle voci è la nostra).
- Essere irremovibili sull'obiettivo finale, ma flessibili nella
  scelta della strada per raggiungerlo.

- Agire nonostante il nostro livello di motivazione.
-

Bene, se ora abbiamo chiaro cosa significhi essere determinati, vediamo come diventarlo sempre di più.
Partiamo dalla prima strategia.

Strategia 1: il paradosso di Stockdale
James Stockdale è stato un ufficiale pluridecorato della marina americana.
Durante la guerra in Vietnam fu catturato e tenuto prigioniero per otto anni. In questi otto anni fu torturato fisicamente più di venti volte; la tortura psicologica fu invece continua.
Eppure Stockdale non perse mai la sua determinazione e, a differenza di molti suoi commilitoni che morirono durante la prigionia, riuscì a tornare a casa da sua moglie.
Come ebbe modo di spiegare nel corso degli anni, a tenerlo in vita fu una sua profonda convinzione, oggi nota come il "Paradosso di Stockdale":
"Devi essere fermamente convinto che alla fine prevarrai, nonostante le difficoltà. Allo stesso tempo però devi essere pienamente consapevole degli aspetti più brutali della tua attuale realtà, qualunque essi siano."
James Stockdale.
L'ingenuo ottimismo non farà di te una persona più determinata.
Colui che è veramente determinato "abbestia", sa che dovrà affrontare delle difficoltà: non le sminuisce, non le ignora, non le infiocchetta di rosa.
Allo stesso tempo, però, non consente mai a queste difficoltà di intaccare la sua fede nella vittoria finale.
Se vuoi sviluppare la tua determinazione, impara innanzitutto ad avere una chiara visione di ciò che vuoi ottenere e un irremovibile desiderio di ottenerlo. Ma ricordati anche di avere aspettative realistiche di ciò che ti aspetterà lungo il tuo percorso.

Non smettere mai di sognare, ma alzati se vuoi realizzare i tuoi sogni.

Strategia 2: i piccoli passi

Amiamo darci obiettivi sfidanti. Sporcarci le mani per raggiungerli però è tutt'altra storia!

Non fraintendermi, avere un obiettivo ambizioso che ci ispiri è fondamentale, ma se non impariamo a trattare le attività quotidiane necessarie per raggiungerlo come una palestra per la nostra determinazione, non faremo altro che frustrarci.

Immagina ad esempio di voler diventare un medico.

Per farlo dovrai prima affrontare tanti piccoli passi (che poi tanto "piccoli" non sono): prepararti al test di ammissione di Medicina, frequentare le lezioni, studiare per gli esami, accedere alla scuola di specializzazione, etc.

Se vuoi sviluppare la "grinta" necessaria per riuscire nella vita, devi imparare a focalizzarti su questi obiettivi intermedi, su quelle noiose attività quotidiane necessarie per realizzare il tuo sogno, sull'*output* invece che sull'*outcome*.

Fallo da subito.

Pensa a ciò che vorresti realizzare più di ogni altra cosa nella tua vita e poi immagina un'attività (anche piccolissima) che potresti fare oggi per avvicinarti a questo sogno e poi falla come prima cosa, appena terminato questo articolo.

È martellando senza sosta su queste attività apparentemente insignificanti che farai della tua vita un capolavoro.

Strategia 3: la pratica deliberata

"Martellare" un giorno sì e l'altro pure è condizione necessaria per il raggiungimento dei tuoi obiettivi e per lo sviluppo di una sana determinazione, ma non è sufficiente.

Devi imparare anche a "martellare" nel modo giusto.

Che tu sia uno studente o un professionista, scommetto che ti è capitato più di una volta di impegnarti tutto il giorno, ma di farlo su attività (quasi) del tutto inutili: ricopiare gli appunti in bella copia, riordinare in ordine alfabetico le cartelle degli ultimi progetti, cambiare 127 volte il *template* della presentazione, fare quei maledetti riassuntini!

Fare del lavoro inutile è quasi peggio del non fare nulla.

Ci illudiamo infatti che stiamo facendo progressi, ma la verità è che stiamo procrastinando le attività davvero importanti: quelle attività che ci mettono a disagio, ma che ci fanno crescere; che ci risultano terribilmente impegnative, ma che sviluppano a dismisura la nostra determinazione.

Ricorda: non limitarti ad essere occupato, impara ad investire ogni minuto di studio/lavoro sul raggiungimento dell'eccellenza.

Inizia oggi stesso.

Pensa alle attività che devi fare entro stasera: urgenze e commissioni a parte, le altre attività su cui hai deciso di impegnarti sono davvero quelle più importanti, quelle che richiedono il maggiore impegno, ma che danno anche i maggiori frutti?

Se la risposta è "No", ignorale e concentrati su quelle attività che alleneranno davvero la tua determinazione.

Conclusioni

In questo capitolo spero di averti finalmente convinto del fatto che…

- Il talento è sopravvalutato.
- L'impegno è esponenzialmente più importante del talento nel raggiungimento dei tuoi obiettivi.
- La determinazione non è cieca perseveranza o stupida cocciutaggine
- E mi auguro anche che applicherai le tre strategie che ti ho suggerito.

Ovvero…

- Il paradosso di Stockdale: non smettere di credere nei tuoi sogni, ma vivi nella realtà.
- La strategia dei piccoli passi: sogna in grande, ma poi concentrati ogni giorno sui piccoli passi.
- La pratica deliberata: non limitarti ad essere occupato, occupati di ciò che è davvero importante.

Sblocca la tua mente.

A tutti noi è capitato almeno una volta di avere una battuta di arresto. Ecco cosa sono i blocchi mentali e quali sono le strategie più efficaci per liberartene.

"Più è grande l'ostacolo, maggiore è la gloria nel superarlo."
Molière.

Scommetto che questa scena ti è familiare: c'è un certo risultato che vorresti ottenere (nello studio, nel lavoro o nella tua sfera personale). Sai più o meno quello che dovresti fare per ottenerlo. Eppure ti ritrovi completamente bloccato.
È come se ti fossi schiantato contro un muro psicologico apparentemente insormontabile.
Nonostante tutti i tuoi sforzi, sei lì, fermo al punto di partenza. E più passa il tempo e più le tue riserve di motivazione iniziano a scarseggiare.
Fuochino?! Beh, questi "muri psicologici" contro cui ogni tanto andiamo a sbattere prendono il nome di blocchi mentali e al termine di questo articolo saprai esattamente cosa sono e come superarli ogni volta che ti ritrovi a farci i conti.

Iniziamo!

Cosa sono i blocchi mentali?
Non esiste un'unica definizione di blocco mentale, possiamo infatti individuarne due tipologie:
1. I blocchi mentali derivanti da traumi psicologici. In questo caso il cervello reprime i pensieri e i ricordi dolorosi legati ad un evento traumatico.

2. I blocchi mentali derivanti da semplici inibizioni. In questo caso il cervello non è in grado di sviluppare una determinata linea di pensiero, e mette in atto tutta una serie di comportamenti di autosabotaggio che ci allontanano dai nostri obiettivi.

Se il tuo blocco mentale appartiene alla prima categoria, smetti di leggere. Io non sono uno psicoterapeuta e tu non troverai la tua soluzione online.

Se al contrario non hai subito nessun particolare trauma nella tua vita, ma ogni volta che rincorri i tuoi sogni ad un certo punto ti blocchi come un salame, allora continua a leggere.

È arrivato il momento di conoscere meglio il nostro nemico…

Ad ognuno il suo blocco mentale

Tra i blocchi mentali, il più famoso è sicuramente il blocco dello scrittore: magari devi scrivere la tua tesi universitaria, una presentazione per il tuo lavoro o un articolo per il gruppo facebook, ma ti ritrovi davanti ad un file vuoto con quel maledetto cursore che continua a lampeggiarti contro minaccioso.

Ti assicuro che questo è un blocco con cui ho dovuto fare i conti più di una volta.

Esistono però molti altri tipi di blocchi psicologici e scommetto che hai avuto a che fare con almeno uno di questi:

- Il blocco del perfezionista. Aspetti sempre che le condizioni siano perfette prima di iniziare un progetto e, se per puro caso, riesci finalmente a partire, cerchi comunque di fare sempre tutto alla perfezione. Risultato? Non porti mai a casa un obiettivo che sia mezzo.
- Il blocco dello studente (o blocco accademico). Ci sono materie o esami universitari per cui ti senti completamente negato (es. matematica) e ogni volta che le devi preparare vai nel pallone e perdi completamente la voglia di studiare.

- Il blocco del timido. Ogni volta che devi affrontare una situazione sociale (o sentimentale) inizi a sudare freddo e tiri fuori le performance più goffe ed imbarazzanti che tu possa immaginare.
- Il blocco dell'atleta. Nonostante i mesi passati ad allenarti duramente, durante le competizioni hai delle performance degne di Mr. Bean.
- Il blocco del venditore. Hai un prodotto o un servizio eccezionali, ma quando ti ritrovi a vendere, per te è una tortura.

Per non parlare poi di tutti quei blocchi mentali legati alla sfera sessuale o emotiva. Insomma esistono più blocchi psicologici che selfie di Belen su Instagram (e ho detto tutto!).

Eppure, come vedremo tra poche righe, le motivazioni alla base di questi blocchi sono sorprendentemente poche, ma, cosa ancor più importante, le strategie pratiche per liberarci finalmente di questi freni psicologici sono efficaci anche per blocchi di natura diversa.

Le principali cause di un blocco psicologico

Dunque, mettiamo subito in chiaro un punto: le sfumature psicologiche alla base di un blocco mentale possono in realtà essere molteplici. Ognuno di noi ha infatti una sua storia e un suo percorso.

Possiamo però individuare 3 principali motivazioni, tra le cause scatenanti del nostro blocco mentale:

1. Dolore. Siamo bloccati, non riusciamo a completare una determinata attività perché in passato abbiamo fatto un'esperienza simile con cui ci siamo "scottati". Insomma abbiamo paura di fallire nuovamente e preferiamo quindi non tentare nemmeno.
2. Inesperienza. Un'altra causa dei blocchi mentali è la scarsa conoscenza delle sfide che dobbiamo intraprendere.

Insomma, non sappiamo cosa dobbiamo fare, qual è il sentiero che dobbiamo intraprendere.

3. Sfiducia. Non abbiamo abbastanza fiducia nelle nostre abilità e non ci sentiamo all'altezza della situazione. Così, ogni volta che la dobbiamo affrontare, ci blocchiamo.

Prova a pensarci: il blocco dello scrittore è spesso legato all'inesperienza e a volte alla sfiducia. Il blocco del timido è quasi sempre legato alla sfiducia o ad esperienze passate dolorose. E così via.

Insomma, qualsiasi sia il tuo blocco mentale, molto probabilmente ha alla sua base una di queste 3 motivazioni o una qualche loro combinazione.

3 strategie pratiche per liberarsi dai blocchi mentali
"Non ci si libera di qualcosa evitandola, ma solo attraversandola."
Cesare Pavese.

Abbiamo visto cosa sono i blocchi mentali, quali sono i principali blocchi e perché andiamo a sbattere contro questi muri psicologici. Tempo di scoprire come liberarcene.

Ecco allora 3 tecniche pratiche per superare un blocco mentale: una per ognuna delle 3 cause che abbiamo appena visto.

Lo sfizio
Se in passato abbiamo avuto delle brutte esperienze con determinate attività, il nostro cervello farà di tutto per farcele evitare. E se necessario ci bloccherà quando stiamo per ripeterle.

È la sua natura. Se ci "scottiamo" una volta, lui si assicura di non farci scottare nuovamente.

Alcuni dei nostri obiettivi però ci richiedono necessariamente di affrontare queste prove del fuoco. Ecco allora un metodo molto efficace per evitare di bloccarci.

Immagina ad esempio di aver avuto in passato una brutta esperienza col *public speaking*. Eri super-nervoso e hai fatto una figura di cioccolato.

Immagina ora che uno dei tasselli fondamentali per realizzare i tuoi obiettivi sia proprio quello di dover parlare in pubblico.

In questi casi, per evitare il blocco mentale devi adottare la tecnica dello sfizio. Ovvero devi rieducare il tuo cervello in modo che possa progressivamente associare emozioni positive a quella determinata attività.

In pratica devi toglierti un piccolo sfizio ogni volta che fai dei progressi. Nel nostro esempio:

- Ripeti a voce alta il tuo discorso (da solo) > e poi ti prendi il tuo bello sfizio.
- Fai il tuo discorso davanti ad una persona di cui ti fidi > e ti togli un altro sfizio.
- Parla davanti a 4-5 amici > sfizio.
- Tieni finalmente il tuo intervento > mega-sfizio!

Il disagio

Come visto, la seconda causa di un blocco mentale è l'inesperienza. Non sappiamo bene cosa dobbiamo fare per raggiungere il nostro obiettivo e così ci blocchiamo.

Apprendere nuove competenze può essere infatti faticoso, come lo è stato imparare a camminare quando eravamo dei poppanti, e la nostra reazione naturale è quella di ricercare ossessivamente qualche distrazione che ci dia un piacere immediato e distolga la nostra attenzione.

In questi casi, il miglior modo per superare il blocco consiste nell'accettare il disagio.

Immagina questa situazione: stai studiando un capitolo di una materia che non hai mai digerito. Dopo pochi minuti, non ne puoi già più e sei tentato di controllare se c'è qualche notifica su Whatsapp, Facebook o Instagram.

Momento "Sliding doors"!

- Se cedi alla distrazione di fatto inneschi un circolo vizioso ed ogni volta che il gioco si farà duro tu cercherai di svignartela, aggravando il tuo blocco mentale.
- Se invece in quel momento decisivo accetti il disagio, una crepa, inizialmente minuscola, si aprirà nel tuo blocco mentale e più sarai in grado di rimanere focalizzato, nonostante i dolci richiami della distrazione, più quella crepa diventerà profonda e farà crollare il muro psicologico contro cui ti sei scontrato.

Se vuoi renderti le cose un pò più semplici, segui il mio consiglio: usa la tecnica del disagio in accoppiata con la strategia del vuoto, ossia creare il vuoto attorno a te, in modo da evitare potenziali distrazioni pericolose!

Il *free writing*

Quando a bloccarci infine è la sfiducia in noi stessi, una delle strategie più efficaci per superare il blocco mentale consiste nel prendere tutta quella cacca che ci ronza in testa e schiaffarla su un pezzo di carta.

Nello specifico dovrai adottare la tecnica del *free writing*. Ecco come funziona:

- Prendi un foglio di carta o apri una nuova nota / file di testo.
- Imposta il timer del tuo smartphone a 7 minuti.
- Inizia a scrivere, senza mai interromperti. Scrivi tutto quello che ti passa in testa: quelli che pensi siano i motivi per cui sei bloccato, come ti sentiresti se riuscissi a raggiungere il tuo obiettivo, la lista della spesa! L'importante è che tu scriva di continuo per 7 minuti.

Una volta che ti sarai liberato di tutta quella spazzatura mentale, che a volte contraddistingue il nostro dialogo interiore, fai quello che sai di dover fare.

Spero vivamente che, provando ad applicare queste tecniche, tu possa finalmente raggiungere il tuo obbiettivo superando alacremente i tuoi blocchi mentali.

Scegli il binario giusto.

Parliamo di scelte!
Le scelte che facciamo ogni giorno somigliano molto a dei binari ferroviari. Prenderne consapevolezza è il segreto per cambiare vita definitivamente.

"Il miglior modo per predire il futuro è crearselo".
Alan Kay.

Alzi la mano chi non ha mai fantasticato sul voler cambiare vita dall'oggi al domani?
Clamorose vincite al superenalotto, incontri fortuiti con personaggi famosi, magari un'eredità inaspettata.
Passiamo talmente tanto tempo a fantasticare su come vorremmo cambiare la nostra vita che ci dimentichiamo che, non solo è nelle nostre possibilità, ma possiamo iniziare a farlo oggi, in questo preciso istante, giusto il tempo di leggere questo capitolo.
Spesso mi tocca prendere il treno. Alla stazione, mi capita di riflettere sulle cose che sono cambiate nella mia vita negli ultimi anni e su quelle che avrei ancora desiderio di cambiare. Perso tra i miei pensieri, inizio a fissare le decine di binari che si incrociano all'uscita dalla stazione e formano una rete così intricata che è quasi impossibile intuirne la destinazione.
Ecco, quei binari, nella mia mente, si sono trasformati nelle scelte che facciamo ogni giorno (no, non mi faccio di LSD, anche se il profumo "Eau de Fogna" che aleggia nelle stazioni potrebbe portare a visioni particolari).

Ma torniamo seri.

Ogni giorno possiamo scegliere se rispettare o meno i nostri buoni propositi (palestra, dieta, studio, lavoro, etc.), ogni giorno possiamo scegliere se impegnarci o meno per raggiungere i nostri obiettivi, ogni giorno possiamo scegliere se continuare o meno a rincorrere i nostri sogni.

Ognuna di queste decisioni è come un binario ferroviario. Nel momento in cui prendiamo la nostra decisione, non ci accorgiamo granché della differenza: i binari, in fondo, continuano a correre l'uno vicino all'altro senza che si possa davvero dire quale sia la loro destinazione finale.

Man mano che ci allontaniamo dalla stazione però, i diversi binari iniziano a separarsi nettamente, e più trascorre il tempo e più comprendiamo che la scelta fatta ci sta portando verso una meta completamente diversa da quella degli altri binari.

Spesso, troppo spesso, il binario su cui ci troviamo ci porta verso stazioni che non ci piacciono affatto, e allora…

…iniziamo a fissare le macchine fuori dal finestrino, pensando a quanto siano fortunate a poter cambiare corsia a loro piacimento, guardiamo le scie lasciate in cielo dagli aerei, sognando mete esotiche e desiderando ardentemente di trovarci tra le nuvole. Insomma, come al solito, ci concentriamo su tutto ciò che non possiamo controllare, dimenticando il nostro treno, dimenticando che possiamo rivoluzionare la nostra vita ad ogni scambio ferroviario…

La metafora dei "binari della vita" si applica tanto alle scelte sbagliate, quanto alle scelte giuste. Infatti, così come accade per le cattive abitudini, di cui inizialmente non cogliamo le disastrose conseguenze, anche per le buone abitudini abbiamo difficoltà a visualizzarne i benefici sul medio termine: un giorno, folgorati dall'illuminazione sul cammino di Damasco, decidiamo di cambiare vita e finalmente attiviamo lo scambio ferroviario.

Ah… non c'è niente che ci possa far stare meglio di un "nuovo binario"; ma passano i giorni ed il nuovo binario somiglia maledettamente a quello vecchio. Così, tristi e demotivati, appena se ne presenta l'occasione, decidiamo di tornare sulla vecchia e confortevole via che conosciamo così bene.

Questo comportamento ti ricorda vagamente qualcuno? Magari qualcuno che conosci intimamente?!

Tutte le volte che ti sei ritrovato bloccato su un binario "morto" e hai provato ad attivare lo scambio ferroviario, senza successo, un'idea si è fatta avanti nella tua mente: "per quanto tu possa impegnarti, nulla cambierà mai davvero".

Non c'è balla più grossa che tu possa raccontarti.

Cambiare vita, non solo è alla tua portata, ma ci sei andato così vicino per tante di quelle volte, che ormai non te ne rendi neanche più conto. Se puoi rimproverarti qualcosa, è stato il non fare… l'ultimo miglio.

Hei, non fraintendermi! Non dico che sia facile, ma una volta arrivato dall'altra parte, sono sicuro comprenderai di cosa sto parlando.

Per il momento, tutto quello che posso dirti è che esistono 3 semplici passi per non ripetere continuamente gli stessi errori:

1. **Decidi la tua stazione di arrivo.** Gli scambi ferroviari che attiviamo durante la nostra vita (le nuove abitudini) possono essere strumenti molto potenti, ma uno non è che può stare ad attivare scambi ferroviari a caso, nella speranza di arrivare "da qualche parte". Devi innanzitutto decidere qual è la tua meta, la stazione in cui vuoi arrivare. Se hai difficoltà a capire bene cosa vuoi dalla vita o come puoi ottenerlo, ti consiglio di fare tabula rasa nella tua mente e di applicare un processo di ingegneria inversa, ossia partendo dalle cose facili e da quelle che ti piacciono nella tua vita, fino a costruire

un'immagine di te come vorresti realmente essere, facendo ciò che vuoi realmente fare. Chiarezza d'intenti, ma soprattutto, sincerità con te stesso. Non è con le opinioni altrui che pagherai le bollette o sarai orgoglioso di te un giorno.

2. **Ricorda che lo scambio ferroviario è nelle tue mani** (ogni giorno). In molti si limitano ad eseguire scrupolosamente il punto 1, facendo dei piani bellissimi per il loro futuro, ma dimenticando che è questo secondo punto che fa la vera differenza. Stampati l'immagine di uno scambio ferroviario, scriviti un mantra sui binari, o un rap sulle ferrovie dello stato, non mi interessa! Devi solo ricordarti che hai la possibilità di cambiare completamente direzione ogni singolo giorno della tua vita. Fallo, fallo subito e continua a farlo!

3. **Non farti prendere dall'ansia dei risultati.** Sul terzo punto ci cascano quasi tutti. Si fanno prendere dall'entusiasmo iniziale, sono carichi come molle e poi… puff! Si sgonfiano subito. Tu non sei come gli altri, vero? Finalmente hai capito che non puoi arrenderti alle prime avversità o alle prime avvisaglie di demotivazione?! Non stai ottenendo i risultati sperati in breve tempo? Chissenefrega! Non siamo mica in qualche film hollywoodiano: questa è la vita reale; se vuoi ottenere risultati, risultati ambiziosi, devi innanzitutto concentrarti sui progressi quotidiani e sulla pratica deliberata. Beh, hai davanti a te una nuova settimana per mettere a frutto quanto abbiamo discusso in questo capitolo: non la sprecare.

Diventate combattenti, iniziate la battaglia.

Questo capitolo è per combattenti.
Persone che non si vogliono arrendere di fronte ai loro i desideri.
Nel senso genuino e vitale del termine, che sia la donna o l'uomo
della loro vita ad animare questa passione, che sia cambiare il
mondo, che sia combattere la propria quotidianità. Il capitolo,
incentrato sulla prima parte del libro "*Le 33 strategie della guerra*"
di Robert Greene, è dedicato all'Io.
La maestria dell'autore è rendere il tutto vigoroso, pratico e
facilmente assimilabile. Questo è uno di quei libri molto potenti che
possono migliorare la vostra vita o peggiorarla a seconda da come
vengono assorbiti.

PREFAZIONE
Per promuovere qualsiasi valore, persino pace e pacifismo, bisogna
che si combatta per esso cercando dei risultati: non basta il
sentimento appassionato che si prova esprimendo tali idee. Nel
momento in cui aspirate a dei risultati siete nel regno della strategia.
Guerra e strategia hanno una logica inesorabile: se volete o
desiderate qualcosa dovete combattere.
Mahatma Gandhi, che elevò la non violenza a grande arma di
cambiamento sociale, aveva un obiettivo nella sua vita: liberare
l'India dall' Impero britannico che l'aveva soggiogata per così tanti
secoli. Gandhi capì che la non violenza per funzionare doveva
essere estremamente strategica, richiedendo molta riflessione e
pianificazione. Si spinse fino a definire la non violenza una nuova
maniera di portare la guerra. Considerate anche che nelle mitologie
di quasi tutte le culture i grandi dei della guerra sono donne, come
Atena nell'Antica Grecia.

Gestire l'arte renderà la vostra vita più pacifica e produttiva a lungo termine perché saprete come agire correttamente e vincere senza violenza.

Quelli che seguono sono sei ideali fondamentali cui dovreste aspirare mentre vi trasformate in guerrieri strategici nella vita quotidiana.
- Guardate alle cose per quello che sono e non per come le vostre emozioni le dipingono. Nella strategia dovete considerare le vostre risposte emotive agli eventi come una specie di malattia cui bisogna porre rimedio.
Quando avete successo siate estremamente prudenti. Quando siete arrabbiati, non prendete nessuna iniziativa. Quando siete timorosi, sappiate che ingrandirete i pericoli che affrontate. La guerra richiede il massimo del realismo, vedere le cose per quel che sono.

- Giudicate le persone in base alle loro azioni. Quello che le persone dicono di sè non ha importanza; le persone diranno qualsiasi cosa. Guardate ciò che hanno compiuto; i fatti non mentono. Dovete applicare questa logica anche a voi stessi. Ripensando a una sconfitta, dovete individuare le cose che avreste potuto fare in maniera diversa. Sono le vostre strategie e non un avversario disonesto, la causa dei vostri fallimenti.

- Dipendete dalle vostre armi. Nella ricerca del successo, le persone sembrano fare affidamento su cose che sembrano semplici e facili o che hanno già funzionato in precedenza. Questo significa essere materialisti e meccanici. La vera strategia è psicologica: una questione d'intelligenza, non di forza materiale. Tutto nella vita vi può essere sottratto, ma se la vostra mente è allenata all'arte bellica, non c'è potere che ve la possa sottrarre.
Nel bel mezzo di una crisi la vostra mente troverà sempre la strada per la giusta soluzione.

- Adorate Atena, non Ares. Atena era ritenuta dai greci la dea della strategia bellica, e Ulisse era il suo seguace mortale preferito. Ares era il dio della guerra nella sua forma diretta e brutale. I greci disprezzavano Ares e adoravano Atena, che combatteva sempre con suprema astuzia e intelligenza.

Il vostro interesse nella guerra non è dettato dalla violenza, dallo spreco di vite e di risorse. Gli Ares nel mondo in verità sono figure piuttosto stupide. Usando la saggezza di Atena dovete ritorcere la violenza e l'aggressione di questi individui contro loro stessi, facendo della loro brutalità la causa della loro sconfitta.

- Innalzate voi stessi al di sopra del campo di battaglia. In guerra la strategia è l'arte di comandare un'intera operazione militare. La tattica è la capacità di formare un esercito per la battaglia stessa e di gestire i bisogni immediati sul campo di battaglia. La maggior parte di noi nella vita è più tattico che stratega. Per avere il potere che solo lo stratega può garantire, dovete essere in grado di innalzare voi stessi al di sopra del campo di battaglia, per focalizzare gli obiettivi a lungo termine. Tenendo in mente i vostri obiettivi complessivi, diventa molto più facile decidere quando combattere e quando abbandonare il campo. Ciò rende le decisioni tattiche nella vita di ogni giorno molto più semplici e più razionali.

- Spiritualizzate la vostra guerra. Ogni giorno si affrontano battaglie, ma la battaglia più grande è dentro di voi: le vostre debolezze, le vostre emozioni, la mancanza di risolutezza nel comprendere le cose fino in fondo.

Dovete dichiarare guerra incessante a voi stessi. Come guerrieri di vita accogliete la lotta e il conflitto per mettervi alla prova, migliorare le vostre qualità, guadagnare coraggio, sicurezza ed esperienza. Se volete più sfide, dichiarate più guerre. State forgiando lo spirito del guerriero e solo una pratica costante vi ci condurrà.

La strategia è un'arte che richiede non solo un modo diverso di pensare bensì un approccio totalmente diverso alla vita stessa. Troppe volte c'è un abisso tra le nostre idee e la nostra conoscenza da un lato, e la nostra reale esperienza dall'altro. Abbiamo nobili idee che non mettiamo mai in pratica. Abbiamo poi svariate esperienze che non analizziamo a sufficienza. La strategia consente un contatto costante fra i due regni. In termini di strategia tutta la vita è un gioco cui si prende parte. Questo gioco è eccitante ma richiede attenzione profonda e seria. Ciò che sapete deve tradursi in azione, e l'azione deve tradursi in conoscenza.

GUERRA DIRETTA ALL'IO

La mente è il punto di partenza di tutta la guerra e strategia. Una mente che si lascia facilmente sopraffare dall'emozione creerà strategie che mancheranno il bersaglio. Per diventare veri strateghi dovete compiere tre passi.

Innanzitutto, diventate consapevoli delle debolezze e dei malesseri che possono bloccare la mente, deformandone i poteri strategici. Secondo, dichiarate una specie di guerra a voi stessi per permettervi di migliorare. Terzo, portate una battaglia continua contro i nemici che portate dentro, applicando alcune strategie.

1. DICHIARATE GUERRA AI VOSTRI NEMICI
Strategia della polarità

La vita è una continua battaglia: vi ritroverete costantemente ad affrontare situazioni difficili, relazioni distruttive, impegni pericolosi. Il modo in cui si affrontano queste difficoltà determinerà il vostro destino.

Pensate come se doveste essere sempre in procinto di iniziare la battaglia. Tutto dipende dalla mentalità e da come si guarda il mondo. Un cambiamento di prospettiva può trasformarvi da mercenari confusi e passivi a combattenti motivati e pieni di risorse.

Il nostro modo di relazionarci con gli altri ci definisce. Quanto più vi rendete conto di quello che non volete essere, tanto più sarà certa la vostra identità e i vostri obiettivi. Senza una chiara idea di polarità vi sentirete smarriti, senza meta.

Focalizzate un nemico. Può essere qualcuno, può essere un valore o un'idea che detestate. Una volta che vi sentite lucidi e motivati, avrete spazio per vere amicizie e sinceri compromessi. Il nemico è la stella polare che ci guida. Una volta fissata la rotta la battaglia può cominciare. Potete tirarvi indietro e aspettare oppure entrare in azione, in maniera aggressiva o solo evasiva, per evitare il peggio. Potete anche lavorare per trasformare il nemico in amico. Ma qualsiasi cosa facciate non siate vittime ingenue. Armatevi di prudenza e non deponete mai le armi neppure per gli amici.

Battete l'erba per spaventare i serpenti.
L'unico modo di liberarsi di una dinamica negativa è affrontarla. I nemici forniscono anche un modello in base al quale giudicare voi stessi dal punto di vista personale e sociale. Pensate ai samurai. Un avversario tosto, tirerà fuori il meglio di voi. E più grande è la statura dell'avversario, maggiore sarà la vostra ricompensa, persino nella sconfitta. Ne guadagnerete in simpatia e rispetto.

Immagine: La terra. Il nemico è il terreno sotto i piedi. Come la forza di gravità vi tiene ben saldi. Bisogna radicarsi nel profondo di questa terra per ottenere fermezza e forza. Senza un nemico su cui camminare, da calpestare, si perde l'orientamento e ogni tipo di proporzione.

2. NON COMBATTETE COME L'ULTIMA VOLTA
Strategia della guerriglia mentale
Guardando indietro a esperienze spiacevoli o sgradevoli, il pensiero sopraggiunge: se solo avessi detto o fatto questo anziché quello, se solo potessimo rifarlo. Molti generali hanno perso la testa nella foga

della battaglia, poi a mente fredda, hanno ripensato alla battaglia, e solo allora si sono accorti della strategia, della manovra che avrebbe cambiato le cose. Il fatto è che siamo convinti che la conoscenza sia tutto: se solo avessimo saputo di più, se solo ci avessimo pensato più attentamente. Quello che ci fa andare fuori strada è in primo luogo il non essere in sintonia con il momento attuale, insensibilità alle circostanze. Più libri, teorie e pensieri non fanno altro che peggiorare il problema. Imparate: i più grandi generali, gli strateghi più creativi, spiccano non tanto per la loro conoscenza, ma soprattutto perché sono in grado all'occorrenza, di lasciar cadere i preconcetti e concentrarsi sul momento presente così che si dà spazio alla creatività e si colgono le opportunità. La conoscenza, l'esperienza e la teoria hanno dei limiti: riflettere in anticipo non VI prepara in nessuna misura al caos della vita, alle infinite possibilità del momento. Il primo passo è prendere consapevolezza di questo processo e la conseguente urgenza di eliminarlo. Il secondo passo è ripristinare il decorso naturale della mente.

- Riesaminate i principi e le convinzioni nutrite. Il vostro unico principio deve essere quello di non avere principi. Credere che la strategia abbia leggi inesorabili o regole senza tempo significa assumere una posizione rigida, statica, che equivale alla vostra rovina.

- Cancellate il ricordo dell'ultima guerra. L'ultima guerra che avete combattuto è pericolosa, anche se avete vinto. È fresca nella vostra mente. Se siete usciti vincitori, cercherete di ripetere le strategie appena usate, perché il successo rende pigri e compiacenti; se avete perso potreste essere tristi e volubili. Fate tutto ciò che potete per estirparla dalla mente.

- Tenete il cervello in azione. Non sprecate tempo con cose che non potete cambiare né influenzare. Continuate a muovervi. Come i bambini cercate qualcosa di nuovo che meriti la vostra attenzione.

- Assorbite lo spirito dei tempi. Nella storia della guerra ci sono state battaglie classiche in cui il passato si confrontava con il futuro in uno squilibrio senza speranza. Sviluppare sensori per i trend che ancora devono ergersi richiede studio e fatica, come pure flessibilità per adattarsi a quei trend. Invecchiando, la cosa migliore che potete fare, è modificare il vostro stile periodicamente.

- Corso inverso. Le relazioni spesso si sviluppano in una certa noiosa prevedibilità. Fate le solite cose, la gente reagisce alla solita maniera e così via. Se invertite il corso e agite in modi nuovi, alterate l'intera dinamica. Il cambiamento può risultare allarmante, ma anche rinfrescante- persino esilarante.

- Pensate alla vostra mente come ad un esercito. Questi devono adattarsi alla complessità e al caos della guerra moderna diventando più fluidi e manovrabili. L'estensione ultima di questa evoluzione è rappresentata dalla guerriglia, che sfrutta il caos facendo del disordine e dell'imprevedibilità una strategia. L'esercito della guerriglia non ripete mai la stessa tattica. Non c'è fronte, nessuna linea concreta di comunicazione né rifornimento, è pura mobilità.

Immagine: Acqua adattando la sua forma ad ogni luogo in cui il flusso si muove, spazzando le rocce dal suo corso, levigando i macigni, non si ferma mai, non è mai la stessa. Più veloce è il corso, più diventa chiara.

3. NEL TUMULTO DEGLI EVENTI, NON PERDETE LA VOSTRA FORZA DI SPIRITO

Strategia del contrappeso.

Ci piace pensare a noi stessi come creature razionali. La mente sembra piuttosto forte quando seguiamo la nostra routine. Ma mettete chiunque di voi in una situazione avversa e la razionalità svanisce; reagiamo all'oppressione diventando timorosi, impazienti, confusi. Quei momenti ci rivelano le creature emotive che siamo: sotto attacco, sia da un nemico noto, sia inaspettatamente, da un amico, la nostra reazione è dominata da sensi di rabbia, tristezza e tradimento. Solo con un grande sforzo riusciamo a trovare la strada in questi momenti e a reagire in maniera razionale. La mente è più debole delle emozioni. Pensate a queste idee come esercizi, modalità con cui rafforzare lo spirito.

- Esponetevi al conflitto. È meglio affrontare le nostre paure, lasciarle venire a galla, anziché ignorarle o reprimerle. La paura è l'emozione più distruttiva per la forza di spirito, perché cresce nell'ignoto. Mettetevi in situazioni che vi obbligano ad affrontare la paura, familiarizzerete con questa e l'ansia si farà meno acuta. A sua volta la sensazione di aver superato una paura radicata nel profondo infonde sicurezza e forza di spirito. Più sono i conflitti e le situazioni difficili in cui vi metterete, più il vostro spirito sarà a prova di battaglia. Cedendo alla paura, perdendo la forza di spirito, non cadete in disgrazia solo voi, con la vostra immagine e la vostra reputazione, ma anche la vostra compagnia, la vostra famiglia e il vostro gruppo. Essere il leader di gruppo anche ristretto vi costringe a onorarlo: la gente vi guarda, vi giudica, dipende da voi.

- Non c'è niente di peggio che dipendere dagli altri. La dipendenza vi rende vulnerabili a ogni tipo di emozione - tradimento, disappunto, frustrazione - che distruggono il vostro equilibrio mentale. Fare affidamento su di sé è fondamentale. Per dipendere meno dagli altri e dai cosiddetti esperti, dovete ampliare il vostro ventaglio di competenze.

- Tollerate gli imbecilli. Il mondo è pieno di imbecilli - gente che non sa aspettare per ottenere risultati, che cambia al girare del vento, che non sa vedere al di là del proprio naso. Se lavorate con degli imbecilli non combattete con loro. Al contrario considerateli come bambini, o animali domestici, non abbastanza importanti da condizionare il vostro equilibrio mentale. Distaccatevi emotivamente. La capacità di restare sereni è un'abilità importante.

- Sbarazzatevi dei sentimenti di panico concentrandovi su un semplice rituale. Dovete imparare a dominare la vostra immaginazione. Una mente concentrata non ha spazio per l'ansia o per gli effetti di un'immaginazione iperattiva. Spesso il modo migliore per calmarsi e assumere questo dominio è costringere la mente a concentrarsi su qualcosa di piuttosto semplice. Una volta che vi siete riappropriati del vostro equilibrio mentale, potete poi affrontare il problema alla mano. Essere in grado di controllare la propria immaginazione in un momento di grande intensità è un'abilità fondamentale.

- Non lasciatevi intimidire. L'intimidazione sarà sempre una minaccia per la vostra forza di spirito. Il segreto per non lasciarsi intimidire è convincersi che la persona che state affrontando è un semplice mortale, non diverso da voi- che poi è la verità. Guardate la persona, non il mito. Immaginatela come un bambino, tormentata da mille insicurezze… Ridimensionare il peso dell'altra persona vi aiuterà a mantenere salda la forza di spirito.

- Sviluppate il vostro intuito. Aspettare fino al giorno dopo per pensare all'azione giusta da compiere non è affatto opportuno. Rapidità in questo caso significa reagire alle circostanze velocemente e prendere decisioni in un baleno. La profonda conoscenza del terreno vi permetterà di elaborare le informazioni più velocemente del vostro avversario, dandovi un vantaggio incredibile. Abituate la vostra mente a prendere decisioni lampo, avendo fiducia del proprio intuito. La vostra mente avanzerà in una sorta di guerra lampo mentale, superando i vostri avversari prima che questi capiscano cosa li ha colpiti.

Per concludere non pensate alla forza di spirito come una qualità utile solo in momenti di avversità, qualcosa da attivare e disattivare all'occorrenza. Coltivatela come condizione quotidiana.
Immagine: Il vento. L'impero di eventi inaspettati e i dubbi e le critiche di chi vi circonda, sono come un vento fiero sul mare. Può giungere da ogni parte della bussola, e non c'è posto in cui dirigersi per scappare da questo, nessuna maniera per prevedere quando e in che direzione colpirà. Cambiate direzione ad ogni raffica di vento non vi farà che buttarvi al largo. I bravi timonieri non perdono tempo a preoccuparsi di ciò che non possono controllare. Si concentrano su sè stessi, l'abilità e la fermezza della loro mano, la rotta pianificata, e la determinazione a raggiungere il porto, succeda quel che succeda.

4. CREATE UN SENSO DI URGENZA E DISPERAZIONE
Strategia del campo di morte.
È impossibile per noi sondare la morte: è talmente immensa, così spaventevole che faremmo di tutto per evitarne il pensiero. La società è organizzata in modo tale da rendere la morte invisibile, per tenerla a debita distanza. Questa distanza può sembrare necessaria per un nostro conforto, ma ha un prezzo incredibile: l'illusione di un tempo illimitato, e la conseguente mancanza di serietà nella vita quotidiana. In quanto guerrieri di vita, dovete capovolgere questa dinamica: non scappate ma abbracciate il pensiero della morte. Avete i giorni contati. Li passerete semi svegli e senza entusiasmo o

vivrete con un senso di urgenza? Sentire la morte alle calcagna renderà tutte le vostre azioni più certe, più vigorose.

Abbastanza spesso ci sentiamo persi nelle nostre azioni. La nostra libertà è un peso - cosa facciamo oggi, dove andiamo? I nostri schemi quotidiani e le routine ci aiutano ad evitare il sentimento di smarrimento, ma s'insinua sempre un pensiero sottile per cui potremmo realizzare molto di più. Il campo di morte è un aspetto psicologico che va ben oltre il campo di battaglia: è quell'insieme di circostanze in cui ci si sente rinchiusi e senza alternative. C'è davvero una pressione concreta che grava alle vostre spalle e non potete ritirarvi. Il tempo sta per scadere. Il fallimento - una forma di morte psichica- vi sta guardando in faccia. Dovete agire o subire le conseguenze. Se vi mettete in una situazione in cui la posta in gioco è alta la dinamica cambia. Il vostro corpo reagisce al pericolo con un'ondata di energia; la mente ritrova la concentrazione. L'urgenza vi è imposta e siete costretti a non perdere tempo.
Le cinque azioni che seguono sono concepite affinché vogliate applicare forme di pressione a voi stessi.

- Puntate tutto in una sola giocata. È meglio intraprendere una sola sfida audace, persino quella che altri reputano come una pazzia. Il nostro futuro è un gioco; non possiamo permetterci di perdere. Quindi non perdiamo.

- Agite prima di essere pronti. Spesso aspettiamo troppo tempo prima di agire, in particolare quando non subiamo una pressione esterna. Talvolta è meglio agire prima di pensare di essere pronti. Non solo coglierete gli avversari di sorpresa, ma dovrete anche usare al meglio le vostre forze. Vi siete impegnati e non potete tirarvi in dietro. Sotto pressione il vostro ingegno si attiverà.

- Navigate nuove acque. Lasciatevi alle spalle situazioni stagnati e situazioni comode, tagliando i legami con il passato, se non vi concedete una via d'uscita dovete far si che la vostra nuova fatica funzioni. Lasciare il passato per avventurarsi su terreni sconosciuti è un po' come la morte- e avvertire questa finalità vi farà tornare di scatto alla vita.

- Fate che sia voi contro il mondo. Uno spirito battagliero ha bisogno di un po' di rabbia e odio per alimentarsi. Quindi non state ad aspettare che le persone diventino aggressive; irritatele e fatele infuriare deliberatamente. Se vi sentite messi in un angolo da una moltitudine di persone cui non piacete, combatterete come diavoli. L'odio è un'emozione forte. Ricordate: a ogni battaglia ci sono in gioco il vostro nome e la vostra reputazione; i vostri nemici godranno della vostra sconfitta. Usate quella pressione per combattere ancora più duramente.

- Mantenetevi irrequieti e insoddisfatti. Quando siamo stanchi spesso significa che siamo annoiati. Quando non ci si presenta nessuna sfida, s'insinua un certo letargo mentale e fisico. *"Talvolta la morte deriva da una mancanza di energia"*, disse una volta Napoleone, e la mancanza di energia da una mancanza di stimoli. Fate del rischio una pratica costante; non placate mai voi stessi. Presto vivere sul campo di morte diventerà una specie di dipendenza. La vita acquista significato davanti alla morte.

Immagine: Fuoco. Da solo non ha forza; questo dipenda dall'ambiente. Dategli aria, rami secchi, una brezza per ravvivare le fiamme, e questo con grande impeto aumenta lo slancio, diventando più caldo, alimentandosi da sé, consumando tutto ciò che trova nella via. Mai lasciare tale forza al caso.

Con quest' ultimo argomento si conclude la parte dedicata all'Io. Una volta assorbiti questi quattro punti tramite la pratica e la riflessione, avrete una guida per tutte le vostre battaglie future, liberando il grande combattente che è in voi.

Una breve storia sul giudizio degli altri.

Un giorno un uomo partì da casa sua, verso un paese vicino.
Con sé portò il figlio e un asinello.
All'inizio del viaggio mise il figlio in groppa all'asinello e partì alla volta della prima tappa.
Arrivati nel primo paese, mentre lo stava attraversando sentiva le voci delle persone che dicevano:
"Guarda!! il padre cammina a piedi e il figlio sull'asinello! È davvero uno scempio! Che mancanza di rispetto!"
Così prima di partire per la seconda tappa del viaggio, fece scendere il figlio e salì lui in groppa all'asinello.
Arrivati nel secondo paese, mentre lo stava attraversando sentiva le voci delle persone che dicevano:
"Guarda il padre sta in groppa all'asinello e fa andare a piedi il figlio! Che vergogna! Che padre sciagurato!"
Così prima di partire per la terza tappa del viaggio si adagiò anche lui con il figlio in groppa all'asinello.
Arrivati nel terzo paese mentre lo stava attraversando sentiva le voci delle persone che dicevano.
"Guarda quei due! Padre e figlio entrambi sulla groppa di quel povero asinello! Povero animale"...

Questa piccola storia spero vi possa far capire quanto è assurdo preoccuparsi del giudizio altrui.
È impossibile ottenere l'approvazione di tutti, quindi non vedo perché farsi limitare dal giudizio degli altri.
È fondamentale che voi capiate due cose se volete veramente vivere felici e essere più liberi e consapevoli.

1) Le persone se ne fregano di quello che fate voi:
Gli esseri umani sono così concentrati su loro stessi che se ne fregano di quello che voi fate nella vostra vita. Sono presi dalla loro di vita, impegnati per i loro obiettivi, occupati a risolvere i propri problemi e a seguire le proprie passioni (in quei pochi casi in cui ne hanno…).

2) Se invece criticano la vostra di vita è perché non ne hanno una loro soddisfacente:
Credo che sia lampante, se qualcuno ha il tempo di giudicare e criticare la vostra vita significa che ha tempo da perdere e si può permettere di stare immobile a guardare cosa fanno gli altri. Vive una vita da spettatore anziché da protagonista ed è per questo che lo infastidisce e lo porta a prendervi in giro o a criticarvi brutalmente per abbassare il vostro valore, perché mentre voi fate quello che volete andandone orgogliosi, lui è così bloccato dalla paura che sta immobile a criticare.

Le persone di VERO successo se ne fregano di ciò che fanno gli altri e di ciò che pensano gli altri. Hanno coltivato un sano menefreghismo che gli permette di essere in pace con loro stessi senza essere influenzati dal giudizio altrui ottenendo coerenza e allineamento con i propri obbiettivi.

Input / Output

La "macchina uomo", come possiamo fare per "metterla a punto"?

"Ogni giorno, quello che scegli, quello che pensi e quello che fai è ciò che diventi."
(Eraclito)

L'essere umano è davvero assimilabile ad un pc. Ogni giorno, ogni istante, riceviamo milioni di input dal mondo esterno.
Basti pensare alla temperatura, ai rumori, agli odori, alle persone che ci circondano, cosa leggiamo, cosa percepiamo…
Immaginate un flusso ENORME di cose che ci colpiscono.
Lo stesso ragionamento, si applica anche alla nostra mente. I vari input che riceviamo dal mondo esterno, condizionano il nostro output, ossia i nostri modelli comportamentali, le classi di pensieri, le etichette mentali ecc.
Per diventare persone migliori a 360 gradi, dobbiamo controllare il flusso di input che ci colpisce, per poter avere un output che sia in linea con quello che vogliamo.

Molte persone si concentrano sugli output. Su quelli di altre persone soprattutto.
Se un individuo ha successo è perché è stato fortunato.
Se uno si laurea è perché i ceri in chiesa hanno funzionato.
Se uno sportivo vince una medaglia è perché ha una buona genetica.
Ragazzi, non è così.
Non basta pensare di volere. Bisogna fare ed implementare.
Immaginatevi come un quadrato, dove da un lato c'è una freccia che rappresenta l'input, mentre dall'altro lato una freccia uscente rappresenta un output.

Questo modello è declinabile in ogni aspetto della vita.

Se volete dimagrire, dovete controllare il vostro input, ossia il cibo che introducete e l'esercizio che fate. Se questi elementi sono positivi, il vostro output sarà una forma fisica ed una salute generale migliore.

Se non riuscite a capire nulla di un argomento, dovete inserire nella vostra testolina informazioni complete e veritiere su quell'argomento.

Il 90% delle persone, specialmente in Italia, ha proprio questo problema. Basti pensare ai milioni di luoghi comuni che si sentono. Il flusso di informazioni non è regolato ad hoc, ci sono perdite per la strada, oppure parte contaminato dalla fonte. Chiaramente questo tipo di output non può essere una *forma mentis* di una persona di successo.

Lo stesso vale per un business. Dovete mettere dentro tempo, soldi, informazioni e sudore per avere un output degno di nota.

L'altra sera, guardavo uno di quei programmi di cucina che vanno in voga di questi tempi. Ad un grande chef venne chiesto:
"Qual è secondo lei l'elemento fondamentale affinchè un piatto sia veramente perfetto?"
E lui senza esitare disse:
"Innanzitutto, bisogna scegliere gli ingredienti giusti! Bisogna ricercarli ed usarli a modo, nelle giuste quantità, facendo anche dei kilometri per del formaggio eccellente o della carne frollata alla perfezione."

Lo stesso si applica a tutti noi.
"Ad ogni azione ne corrisponde una uguale e contraria"
(Isaac Newton)

Sono fermamente convinto che noi essere umani agiamo sempre molto al di sotto del nostro potenziale.

Il vostro dovere, per amore di voi stessi in primis, è quello di regolare gli input.

Quindi non importa quanto sei talentuoso/a, non importa quanto sei dotato/a o qualcosa del genere.

Se metti in te cattivi input, ne usciranno cattivi output. E questo accade ovunque… da come passi il tuo tempo ogni giorno, quali libri leggi, quali film guardi, quale cibo mangi e anche con chi esci.

I tuoi amici e le persone intorno a te sono anch'essi input.

Influenzano te e il modo in cui ti evolverai.

Quindi devi stare molto attento a tutte queste cose con cui entri in contatto.

Devi prestare attenzione alle informazioni che leggi, i film che guardi, la musica che ascolti, le persone che ti circondano, a come passi il tuo tempo.

Perché tutte queste cose influenzano enormemente chi sei. Sei praticamente quello che consumi.

Quindi, se esci costantemente con persone che parlano di cose negative e inutili, e se guardi costantemente film negativi, Netflix e cose del genere, sai cosa verrà fuori.

Immondizia.

Niente di speciale.

Quindi, davvero, se vuoi fare bene nella vita e se vuoi fare bene negli affari e in tutto, pensa sempre che ad ogni azione c'è una reazione uguale e contraria.

Immondizia dentro, immondizia fuori.

Quindi, prova a pensare costantemente: "Come posso assicurarmi di concentrarmi sugli input giusti per generare gli output migliori?"

E quando lo farai, tutto cambierà.

Cambierà per te.

Spero che questi suggerimenti possano aiutarti nel business, come nella vita.

Le vite degli altri.

Non so voi, ma a me la situazione è tipo così:
Apri Instagram e trovi sabbia, mare, gente che fa foto alle gambe, la bella vita anche se la foto è fatta sulla spiaggia libera, foto di cene e pranzi al mare a base di pesce…, (diciamo che questo accade in un tempo normale pre e post Covid ovviamente).
Decidi quindi di chiudere instagram. E allora che fai? Vediamo che ci sta di nuovo in Facebook.
Quindi apri Facebook. Il tuo occhio cade inesorabilmente sulle foto fatte di domenica, ma che puntualmente vengono distribuite lungo tutto l'arco della settimana… Perché io devo far vedere agli altri che sto al mare, mi godo la vita, le vacanze, il relax…
#STACCOLASPINA (ma che è? Eutanasia?).

Insomma, dove ti giri giri ultimamente, pare che tutti siano felici, spensierati, con una bella vita, tanti amici, un lavoro soddisfacente… E qui siamo al livello base.
Lo step successivo, sono coloro i quali vanno in vacanza in posti di tendenza, come Ibiza, Mykonos, Canarie, Seychelles, Sharm El Sheik, Lido di Ost..ehm, La costa Smeralda.. Tutti posti conosciuti per essere pieni di movida, bella vita, ci vanno i calciatori, i vip, le star, ma anche tu, individuo medio italiano, con stipendio da 1500 euro al mese che percepisci come impiegato in un'azienda *random*, con mutuo o spese per pagare casa e la moto nuova fiammante, per non parlare delle bottiglie di "DOMPE" che devi sbocciare per far vedere "allaggggente che hai Li sordi!"

Orbene, miei cari colleghi, penso che queste immagini siano ciò che passa anche sulle vostre bacheche di Facebook e sui feed del vostro

Instagram… Colgo quindi la palla al balzo, per fare un paio di riflessioni.

La prima è questa: La realtà che noi percepiamo attraverso questi canali, ma anche parlando con le persone più disparate, mentre raccontano le loro ferie, ci porta a pensare che tutti siano felici, che abbiano la vita che REALMENTE desiderano, tutti realizzati, soddisfatti… In realtà non è assolutamente così.

NON è un caso che i dati circa i prestiti che si fanno gli Italiani per andare in vacanza siano tra i più alti d'Europa! Tutte queste persone, vivono una trappola, ma non sanno di esserci, e quindi sono contente di questo. Tutti voi conoscete la corsa del topo immagino. Bene, facciamo un altro step al quale ho pensato. La gabbia del topo è più grande, la ruota più bella, davanti ha proiettato un paesaggio mozzafiato. In più, ci sono anche nuovi alimenti e bevande per soddisfare le esigenze del cricetone. Ecco, queste persone sono sempre nella ruota del criceto, ma sono in una trappola più grande, che non fa percepire loro la realtà dura e cruda delle cose.

Andare 15/20 gg in vacanza, spendendo UN SACCO di soldi in proporzione alle loro entrate, è una follia finanziaria da fustigazione cronica! Da legarli al palo e menarli!

"Eh, lavoro tutto l'anno, devo pur concedermi qualche sfizio, altrimenti che vita è?"

E qui ti dico: Invece di pianificare la tua prossima vacanza, comincia a costruire una vita dalla quale non devi fuggire.

È inutile andare 15 gg. in vacanza, quando al ritorno sei di nuovo nella tua routine che ti soffoca, non sei una persona migliore, sei più povero e devi correre come un pazzo per recuperare le spese folli che hai fatto.

Vacanza da cosa poi? Per cosa?

Non fraintendetemi, NON sono contro le vacanze. Sono un fermo sostenitore che i momenti di relax, di svago, siano necessari per ricaricare le energie, per condividere dei momenti speciali con chi amiamo, per vivere avventure e godersi le piccole dolcezze che la vita ci offre.

Tuttavia, mi sentirei angosciato al pensiero di avere solo una breve finestra temporale per prendere aria, quando so già che a breve tornerei a soffocare. In questi casi è come avere una spada di Damocle sulla testa.

La seconda riflessione è questa: sono convinto che sia giusto e meritato concedersi una vacanza DOPO aver raggiunto un obiettivo. È deleterio avere giorni di festa quando stai mantenendo un ritmo lavorativo decente per concludere certi obiettivi. Questo è anche il motivo per cui le feste COMANDATE (e non sono definite così a caso), sono un male. Bisognerebbe decidere da soli quando e come festeggiare. Questi giorni di festa non meritati, interrompono la routine e ci portano a pensare inconsciamente che, qualunque cosa noi facciamo, prima o poi, abbiamo dei giorni di festa. Se ci pensate, questo è un male incredibile!

Quindi, per non dilungarci troppo, qual è la riflessione di oggi? Se, come me, guardandoti attorno, sembra che tutti siano Briatore e si godano la vita come Gianluca Vacchi, non ci cascate. Ragazzi, dovete tenere duro.

VOI state lavorando per VOI STESSI.

VOI state lavorando per la vostra libertà.

VOI avete deciso di prendere in mano la vostra vita, per farne ciò che più riteniate giusto.

VOI siete il meglio, non gli altri!

Non perdete la speranza, non fatevi cogliere dal pensiero: "ma chi cazzo me lo fa fare, mollo tutto e me la godo pure io!"

Lo so, è dura, è durissima! Siete contro i mulini a vento. È come mettere un vampiro all'AVIS e cercare di non farlo uscire pazzo…

Voi avete deciso di fare un passo che, scusate il termine stilnovistico, ci vogliono due coglioni granitici per farlo. Avete deciso di scegliere cosa volete per voi stessi, senza farvi dire dagli altri cosa fare e cosa volere.

Quindi, non fatevi prendere dallo sconforto. Tra un anno, o forse meno, potreste essere voi i proprietari di un locale balneare dove le persone vi pagano per divertirsi… e voi starete lì, a gongolare e ad essere fieri di ciò che avete ottenuto lavorando e facendovi il culo mentre gli altri si divertivano e buttavano via soldi in cose inutili per il loro successo ed il loro sviluppo personale.

Il viaggio interstellare.

Niente distrazioni.
Un bel respiro... Pronti... Via... per un viaggio
INTERSTELLARE!
Un film, una poesia è la più importante lezione per la tua crescita
personale.

"Non andartene docile in quella buona notte.
Infuriati, infuriati, contro il morire della luce."
Dylan Thomas.

Ho sempre adorato la fantascienza, soprattutto quei libri e quei film
ambientati nello spazio profondo. Immergermi in quei luoghi
lontani, inesplorati e illimitati ha la capacità di trasmettermi un
senso di meraviglia e quiete.
Per questo di recente ho voluto rivedere Interstellar, di Christopher
Nolan: entrato di diritto tra i miei film di fantascienza preferiti.
C'è chi lo ha amato e c'è chi lo ha trovato noioso da morire. Non
importa: in realtà non è del film che voglio parlarti nell'articolo di
oggi, ma di una poesia. Una poesia che accompagna alcune scene di
Interstellar, una poesia potente e ricca di spunti per la nostra crescita
personale.

Non andartene docile in quella buona notte – Dylan Thomas (1951)
Non andartene docile in quella buona notte,
I vecchi dovrebbero bruciare e delirare quando cade il giorno;
Infuria, infuria, contro il morire della luce.
Benché i saggi sappiano che la tenebra è inevitabile,
visto che dalle loro azioni non scaturì alcun fulmine,

Non se ne vanno docili in quella buona notte,
Gli onesti, con l'ultima onda, gridando quanto fulgide
le loro deboli gesta danzerebbero in una verde baia,
S'infuriano, s'infuriano contro il morire della luce.
Gli impulsivi che il sole presero al volo e cantarono,
imparando troppo tardi d'averne afflitto il percorso,
Non se ne vanno docili in quella buona notte.
Gli austeri, in punto di morte, accorgendosi con vista cieca
che gli occhi spenti potevano gioire e brillare come meteore,
S'infuriano, s'infuriano contro il morire della luce.
E tu, padre mio, là sulla triste altura, ti prego,
Condannami o benedicimi, ora, con le tue lacrime furiose.
Non andartene docile in quella buona notte.
Infuriati, infuriati contro il morire della luce.

Qual è il suo significato?
Molti spettatori di Interstellar si sono chiesti quale fosse il significato di questa poesia.
"Non andartene docile in quella buona notte" non è di facile lettura come uno dei tanti motti di sviluppo personale, ma personalmente trovo che alcuni passaggi siano molto più potenti di decine di libricini di self-help.
Ecco una breve analisi di questa poesia, ma soprattutto un utile messaggio per continuare con ancora maggiore determinazione il tuo percorso di crescita personale.
La poesia, scritta da Thomas per il padre morente, ruota attorno ad una chiara metafora, in cui il giorno simbolizza la vita, mentre la notte simbolizza la morte.
Il poeta descrive nello specifico come i diversi esseri umani, si infurino e si ribellino, per ragioni differenti, all'incombere della morte ed incita il padre a fare lo stesso, a lottare a... non andarsene docile in quella buona notte:

Ci sono i saggi, che hanno preso consapevolezza dell'inevitabilità della propria fine, ma soprattutto hanno compreso di non aver realizzato poi molto nella propria esistenza ("dalle loro azioni non scaturì alcun fulmine"). A farli infuriare sono i loro rimpianti.
Ci sono poi gli onesti, ovvero coloro che nella vita non hanno mai fatto gesti folli, ma che nell'0ra del tramonto si infuriano perché consapevoli che con più tempo a loro disposizione, avrebbero forse compiuto azioni memorabili ("fulgide gesta").
Ci sono inoltre gli impulsivi, che si accorgono troppo tardi di aver sprecato la loro vita nella ricerca compulsiva del piacere ("imparando troppo tardi d'averne afflitto il percorso").
Ci sono infine gli austeri, che nel corso della propria esistenza si sono privati di ogni soddisfazione e che ora si infuriano per le occasioni perse ("accorgendosi con vista cieca che gli occhi spenti potevano gioire e brillare come meteore").

Perché è utile per la tua crescita personale? (Se ancora non vi siete depressi, bene! Continuate a leggere..).
I saggi, gli onesti, gli impulsivi e gli austeri si infuriano di fronte all'incombere della morte… ma non si arrendono, non se ne vanno docili in quella buona notte.
E se la notte non fosse solo la metafora della morte, ma in generale dei nostri fallimenti?

Ognuno di noi ha commesso la sua buona dose di errori:
Come i saggi abbiamo forse realizzato di non aver dato ancora vita ad alcun fulmine.
Come gli onesti abbiamo forse vissuto una vita troppo inquadrata.
Come gli impulsivi abbiamo forse sprecato innumerevoli giornate cedendo ad ogni frivolezza.
Come gli austeri abbiamo forse perso troppe occasioni.
Questi errori ci hanno inevitabilmente spinto sulla traiettoria del fallimento. Ma abbiamo ancora una scelta a nostra disposizione.

Possiamo infatti decidere di arrenderci, di lasciarci trasportare dall'entropia verso l'inevitabile sconfitta, oppure…

…oppure possiamo decidere, qui ed ora, che, nonostante tutto, noi "non ce ne andremo docili in quella buona notte", venderemo cara la nostra pelle e se anche i pronostici sono ormai tutti a nostro sfavore, lotteremo, lotteremo fino all'ultimo respiro.

Oppure, può essere intesa anche in senso letterale, ossia quando ci mettiamo a letto, dobbiamo andarci col fuoco dentro, quel fuoco che, il mattino dopo, ci spinge via dal tepore delle coperte per costruire un qualcosa che VOGLIAMO REALMENTE FARE!

Non mi riferisco all'andare al lavoro controvoglia, a svolgere delle mansioni obbligate o a completare quel capitolo di un tomo megalitico.

Mi riferisco ad un progetto ambizioso che ognuno di noi dovrebbe avere, un qualcosa che aziona i "moti dello spirito".

Se non avrete un perché, non troverete mai un come e un quando.

E allora… non andartene docile in quella buona notte.

Diventate l'Araba Fenice.

L'automiglioramento è masturbazione
(cit. Tyler Durden, dal film Fight Club)

Non c'è costruzione senza distruzione.
Immaginate l'uomo come una casa.
Ora, l'uomo è venuto su come una casa in balia di eventi ed
influenze esterne, non ha una struttura portante degna di questo
nome, i muri glieli hanno scelti quelli della chiesa, la famiglia e la
cultura di appartenenza, che hanno messo le travi. Ognuno ha messo
lì le cose un po' a "caso" per il proprio interesse e, a partire dalle
fondamenta, è di fatto una ridicola casa diroccata, piena di
nonsense, di contraddizioni interne, di credenze assurde e in
conflitto fra loro.
Ci sarebbe da tirarla giù, distruggerla, fondamenta comprese, e poi
scavare fino ad arrivare alla pietra oscura su cui poggiano le
fondamenta.
E invece l'uomo cosa fa, capendo che in qualche modo è una casa
diroccata e sbilenca?
"Lucida le maniglie sul Titanic", cerca di migliorarsi... In pratica dà
due mani di intonaco fresco su quel cesso di casa, mette una travetta
aggiuntiva attaccata coi chiodi. Questo è ridicolo, ma è quello che la
maggior parte delle persone fa, quelle che hanno il coraggio di
prendere in mano la propria vita e cercare di migliorarsi. Gli altri
nemmeno quello fanno.

Distruzione totale, questo servirebbe.
Poi, una volta arrivati alla pietra oscura, allora si può pensare di
costruire un palazzo meraviglioso, curando bene ogni aspetto.
Ma bisogna partire da zero.

Morire, per rinascere a propria immagine e somiglianza.

Due mani di intonaco fresco su una casa diroccata e pericolante sono masturbazione.

Per questo, miei cari colleghi, prima di inondarvi la testa di cose che sono sicuramente importanti e funzionano, dovreste prima lavorare sulle basi, fare tabula rasa di tutte le credenze limitanti e rinascere da zero, come L'araba Fenice che nasceva nuovamente dalle sue ceneri.

Solo così potrete diventare davvero ciò che volete essere.

Siate voi stessi l'evento scatenante per il vostro VERO cambiamento!

La sfortuna non esiste.

Come combattere contro la sfortuna?

"La fortuna è cieca, ma la sfiga ci vede benissimo."
Roberto "Freak" Antoni.

"Ma che sfiga!". Quante volte te lo sei ripetuto negli ultimi tempi?
Ti fai il mazzo per realizzare i tuoi obiettivi e puntualmente la sfiga
bussa alla tua porta per ricordarti che il successo non fa per te, che
non riuscirai mai a realizzare i tuoi buoni propositi e che sarai
condannato al declino e al fallimento perpetuo.
Ok. Forse ho esagerato un pochettino. Esistono però momenti della
nostra vita in cui l'Universo, il Karma, il Mago Otelma, sembrano
cospirare contro di noi: la sfiga nera si abbatte violentemente sulle
nostre giornate e l'unica soluzione che troviamo è quella di
rimanercene chiusi in casa, avvolti in protezioni di gommapiuma e
circondati da talismani e cornetti portafortuna. Possibile che non si
possa far nulla di fronte ad un destino avverso? Insomma, a che
servono tutte queste cavolate di crescita personale, se alla fine è
sempre e solo una questione di botte di culo?!
In questo capitolo mi piacerebbe condividere con te alcuni consigli
pratici per combattere la sfiga e realizzare i tuoi obiettivi. Armati di
cornetti portafortuna e partiamo!

Tutta questione di *locus* (che non è l'anagramma di culos)
In psicologia, il termine *Locus of Control* (luogo di controllo):
"indica la modalità con cui un individuo ritiene che gli eventi della
sua vita siano prodotti da suoi comportamenti o azioni, oppure da
cause esterne, indipendenti dalla sua volontà" (cit.).

Nello specifico, lo psicologo Julian B. Rotter ha individuato due tipologie di Locus of Control (LoC):

LoC interno. Hanno LoC interno le persone che sono convinte di poter dominare gli eventi. Questi individui si assumono la piena responsabilità dei loro successi e dei loro insuccessi. Hanno un'elevata autostima, sono disciplinati e credono fermamente nella pratica deliberata.

LoC esterno. Hanno LoC esterno le persone che sono convinte che gli eventi della vita, siano essi positivi o negativi, dipendano sempre da fattori esterni quali il caso, la fortuna o il destino. La loro autostima è a livelli microscopici e sono spesso colti da "frignite" acuta.

Ne deriva che la sfiga è una scelta ed esiste solo nella mente di chi ha un LoC esterno.

Non è dunque un caso che la stragrande maggioranza delle persone di successo abbia un Locus of Control interno: chi ha realizzato obiettivi ambiziosi nella propria vita è fermamente convinto che tutto ciò che gli accade sia il risultato delle proprie scelte e delle proprie azioni. Tali individui, inoltre, dimostrano di avere una notevole dose di resilienza. Quando la loro vita è investita da eventi negativi o addirittura drammatici, essi focalizzano la propria attenzione, non sull'evento in sé, ma sulla loro capacità di rispondere positivamente a tale evento.

"Attraverso le difficoltà la natura ci rende più forti e degni di realizzare i nostri sogni."
Se è vero che la sfiga esiste solo nella mente di chi ci crede, cosa possiamo fare, nella pratica, per combatterla? Quali azioni dobbiamo intraprendere per essere "più fortunati"?

3 consigli pratici per combattere la sfiga

"Essere superstiziosi è da ignoranti, ma non esserlo porta male."
Eduardo De Filippo.

La conoscenza è come un faro che squarcia l'oscurità della superstizione e dell'ignoranza. Conoscere la teoria del Locus of Control è uno strumento molto utile per affrontare con il giusto atteggiamento mentale gli eventi della vita, senza perdersi in inutili frignate. Ho pensato allora di proporti qui sotto le 3 migliori strategie anti-sfiga basate sul LoC:

1) Riprendi il controllo dei tuoi pensieri. Ci crediamo sempre così razionali ed oggettivi, ma la verità è che siamo "vittime" dei nostri pensieri: più ci focalizziamo su ciò che non funziona nella nostra vita e più le sfighe si moltiplicano. C'è una ragione scientifica alla base di questo principio empirico: il nostro cervello riceve giornalmente milioni di input sensoriali e deve necessariamente filtrarli, selezionando, di volta in volta, ciò a cui prestare attenzione. Tale operazione è svolta in parte dal Sistema Reticolare Attivatore Ascendente, noto in inglese con la sigla RAS. Se abituiamo il nostro cervello a cercare le sfighe come i tartufi, indovina un po' cosa troveremo? Ecco appunto. Riprendi il controllo dei tuoi pensieri ed impara ad indirizzarli laddove ti servono maggiormente: sui tuoi obiettivi.

2) Assumiti le tue responsabilità. Sai cosa penso? Penso che chi utilizza la scusa della sfiga sia un vigliacco. Non fraintendermi: ho il massimo rispetto per chi ha affrontato o si trova ad affrontare eventi drammatici ed imprevedibili, ma in troppi si lamentano della sfiga solo per giustificare il proprio atteggiamento vittimistico, senza muovere un dito per migliorare la propria situazione. È arrivato il momento di decidere cosa vuoi fare della tua vita: a) puoi

continuare a preservare il tuo Io, addossando la colpa della tua attuale condizione alla sfiga e al mondo brutto e cattivo o b) realizzi che ciò che stai vivendo dipende al 100% dal tuo atteggiamento mentale, dalle tue scelte e dalle azioni che hai compiuto (o non hai compiuto). Ti anticipo subito che l'opzione b) è un po' dolorosa, ma è l'unica opzione a tua disposizione se vuoi finalmente riprendere in mano il timone della tua vita.

3) Sii costante e consistente. Se credi che il successo ti sia dovuto, sei davvero fuori strada. Puoi dare il massimo e fallire clamorosamente: *that's it.* No, non esiste nessun rapporto di causa-effetto tra impegno e successo, ma questa non è una scusa per mollare, anzi. Se vuoi davvero realizzare i tuoi obiettivi più ambiziosi, devi creare così tante occasioni di successo, da renderlo… inevitabile. Fortuna e sfortuna sono solo le pedine di un gioco di probabilità: agisci in modo costante e consistente e volgerai queste probabilità a tuo favore. A proposito: se ti ritrovi spesso a mollare la presa, molto probabilmente è per colpa dell'effetto "chissenefrega". Se lo conosci, lo eviti.

"Credo molto nella fortuna, ci credo a tal punto che più lavoro duramente e più ne ho."
T. Jefferson.

In conclusione, all'Universo non gliene frega niente di farti perdere l'autobus per 17 secondi netti. La sfiga non esiste, ma di sfigati è pieno il mondo. Tu chi vuoi essere: uno sfigato o un vincente?

Decidi, elimina, agisci.

La vita, dopotutto, è fatta di scelte. Ogni scelta passata ci ha condotti a dove siamo ora.

Non importa che siano state giuste o meno. Il risultato, siamo noi, oggi.

Tuttavia, non sono qui a parlarvi di decisioni, bensì di un altro concetto:

"Fare o non fare. Non c'è provare."
Maestro Yoda.

Ieri sera, essendo a casa con la febbre, ero indeciso su cosa fare.

Opto per vedere un film, ma quale?

Dopo 0,02 secondi di ardua scelta, opto per Star Wars! (si, sono un fan della saga)

Questo capitolo è stato ispirato da uno dei personaggi più emblematici: Yoda.

Oggi siamo qui per qualcosa di diverso. Siamo qui per capire perché, nonostante i tuoi sforzi e nonostante gli innumerevoli tentativi, tu non riesca a raggiungere quel maledetto obiettivo (sì, sì, hai capito di cosa sto parlando).

Per avere successo non basta… provare

Una delle mie scene preferite dell'intera saga di Star Wars è la memorabile sequenza in cui il Maestro Yoda sta insegnando al giovane Skywalker ad usare la Forza.

Fino a quel momento, Luke era riuscito ad utilizzare con successo la Forza per muovere delle piccole pietre. Ma il Maestro Yoda decide di dargli un obiettivo ambizioso: recuperare la navetta spaziale affondata nella palude. Luke considera l'impresa impossibile: un conto è sollevare qualche pietra, un conto e far riemergere un'intera navetta spaziale! Ma il Maestro Yoda spiega al suo giovane allievo che la differenza è solo nella sua mente.

Luke, non troppo convinto, decide di… provarci. Ecco cosa risponde il saggio Yoda:

Tu quante volte ti sei detto "ci proverò"?

Beh… quel "ci proverò" è il principale errore che stai facendo nella rincorsa dei tuoi traguardi. Quel "ci proverò" ti sta tenendo lontano dai tuoi obiettivi. Quel "ci proverò" ti sta facendo fallire puntualmente ogni volta che tenti.

Dire a te stesso "ci proverò", significa lasciare aperta la porta alla possibilità del fallimento: hai così paura di non farcela che per placare l'ansia dell'insuccesso ti racconti la scusa del "ci proverò". In fondo se fallirai potrai sempre dire a te stesso e agli altri di… averci provato. Giusto? Nessuno può prendersela con uno che ci ha provato? Sarebbe come picchiare qualcuno con gli occhiali!

Anche tu vuoi… provarci? O hai finalmente deciso che vuoi realizzare il tuo obiettivo?

Se sei uno che "ci prova", puoi anche smettere di leggere questo articolo: detto tra noi… ci hai provato, questa non è roba per te, se non sei riuscito a raggiungere il tuo obiettivo finora non è certo stata colpa tua (sia mai!) ed il prossimo paragrafo non farà alcuna differenza.

Se al contrario sei uno che ne ha le palle piene di provarci e fallire, se sei uno che ha deciso di cambiare, ma di cambiare veramente, beh… stampati bene nella mente le prossime frasi.

Smettila di provarci

Una cosa o decidi di farla o decidi di non farla. Punto. Non ci sono alternative.

Stringi, stringi, cosa dovrei fare in pratica?!

Ecco alcuni consigli pratici per vivere appieno la lezione del Maestro Yoda:

1. Decidi. Se vuoi davvero avere successo, devi innanzitutto decidere qual è il tuo obiettivo, senza ripensamenti, senza tentennamenti, senza marce indietro. Decidi, prenditi il tempo necessario e fallo in modo ponderato, ma una volta che hai preso la tua decisione, impegnati al 100% per seguire questa strada. Questo significa anche "bruciare le navi alle tue spalle". Solo nel momento in cui sei disposto a rinunciare definitivamente a tutte le altre alternative, stai rendendo concreta l'unica alternativa rimasta.

2. Elimina. Conosci la Legge di Curly? Finché continuerai a dividerti tra 1.000 obiettivi difficilmente ne realizzerai 1. Concentrati su 1 solo obiettivo ed elimina tutto il resto. Focalizzati al 100% su questa meta. Cos'è che vuoi davvero ottenere? Vuoi ritrovare il tuo peso ideale? Vuoi fare soldi? Vuoi smettere di fumare? Vuoi laurearti con 110 e lode? Qual è quell'obiettivo che avrà l'impatto più rilevante nella tua vita da qui a 5 anni? Cos'è che vuoi veramente? Dedica il tuo tempo, la tua attenzione e le tue risorse a questo obiettivo ed elimina tutto il resto… almeno in un primo momento.

3. Agisci. Fare o non fare. Fare o non fare. Fare o non fare. Voglio ripeterti questa frase perché ti rimanga ben impressa nella mente. Una cosa o la fai, o non la fai. Provarci equivale a non fare. Questo significa che ogni volta che ti dedichi al tuo obiettivo devi farlo applicando i principi della pratica deliberata. Per tornare in forma non basta iscriversi in palestra: devi allenarti ogni volta come se avessi al tuo fianco il Sergente Hartman di "Full Metal Jacket". Per cambiare la tua condizione finanziaria non basta lamentarti della crisi ed aspettare che qualcuno risolva il problema per te: devi ingegnarti come Tom Hanks in "Cast Away". Per superare i tuoi esami non basta studiacchiare di tanto in tanto mentre aspetti la risposta del tuo migliore amico su Facebook: devi studiare con lo stesso entusiasmo degli studenti de "L'Attimo Fuggente".

So di essere stato duro, a tratti antipatico, in questo capitolo. È stata una scelta deliberata: le favolette sono per quelli che ci provano. La cruda realtà è per quelli che fanno.
Dateci dentro, guerrieri.

Fai queste cose quando ti svegli?

Hai mai notato che Settembre è il "secondo capodanno dell'anno" ?. In questo periodo, come a Gennaio, tutti diventano magicamente ansiosi di essere più produttivi, più precisi, più regolari con l'alimentazione, sempre ligi ai loro impegni... La realtà però è che, senza azione, si rimane la stessa persona che 10 giorni prima stava svaccata in spiaggia a mangiare cocomero con 120° all'ombra. Quindi, cosa fare per non essere persone migliori solo nel "mondo delle idee", ma esserlo anche nella realtà immanente?

Se vuoi giornate estremamente produttive, piene di energia ed entusiasmo, hai bisogno di un solo ingrediente: il ritmo.

"Il mattino ha l'oro in bocca".
Senti suonare la sveglia e vorresti del C4 per farla saltare in aria. Vai in bagno e confondi l'immagine allo specchio con il volantino di "Saw IV". Neanche il tempo di berti una tazzina di caffè...e sei già dannatamente in ritardo!
Ti è mai capitata una giornata del genere? Beh... sai già che non migliorerà! Non ha il giusto ritmo.
Eppure, le prime ore di ogni giorno racchiudono un potenziane incredibile.

Ecco allora alcuni consigli per sfruttarle al meglio ed imparare a dare il giusto ritmo alla tua giornata.

1. Svegliati presto
Non c'è cosa peggiore la mattina di dover correre per non essere in ritardo con i tuoi impegni.

Iniziare la mattina ritagliando un po' di tempo per te stesso è un'abitudine che ti cambia la vita e che ti permette di accrescere in modo esponenziale la tua produttività personale.

Diventare mattiniero ha numerosi vantaggi, ma sono due quelli che preferisco:

- Inizi la mattina con un piccolo successo. Evitare di alzarti all'ultimo secondo ti permette di sviluppare la tua auto-disciplina e la tua forza di volontà. Questo piccolo successo ti dà la giusta carica per infilare un piccolo successo dietro l'altro e rendere la tua giornata grandiosa.
- Crei il tempo per le tue passioni. Siamo abituati a rilegare le nostre passioni al termine della giornata. Il problema è che alcune giornate… non hanno termine! Così, con la scusa di non avere abbastanza tempo, ti ritrovi a procrastinare continuamente i tuoi obiettivi ed i tuoi sogni. Svegliandoti presto al mattino, puoi dedicare il tempo che hai creato per portare avanti il tuo progetto personale o in generale per dedicarti alla tua crescita personale.

2. Fai attività fisica

Probabilmente l'ultima cosa a cui penseresti appena sveglio è quella di fare attività fisica, eppure è il miglior regalo che potresti fare a te stesso e al tuo corpo.

Un po' di sana attività aerobica appena sveglio è più efficace di 1.000 caffè: con la giusta sequenza di esercizi puoi riuscire a rimettere in moto il tuo sistema circolatorio, ma soprattutto avrai iniziato la giornata con un'altra piccola conquista.

Inizia la giornata correndo per te stesso, prima di correre per gli altri.

3. Utilizza i riflessi condizionati

Lo psicologo Ivan Pavlov, agli inizi del secolo scorso, attraverso un famoso esperimento, scoprì che associando per un certo numero di volte la presentazione di carne ad un cane con un suono di campanello, alla fine il solo suono del campanello era in grado di determinare la salivazione nel cane. La salivazione era perciò indotta nel cane da un riflesso condizionato provocato artificialmente.

Questo piccolo "trucco" mentale funziona anche per noi esseri umani. Durante la nostra vita facciamo continuamente associazioni e determinati stimoli sono in grado di aumentare la nostra motivazione.

Se riesci a scoprire quali sono gli stimoli che ti influenzano positivamente sarai in grado di dare il giusto ritmo alla tua giornata. Ecco alcuni esempi che potrebbero aiutarti:

- Cura il tuo aspetto.
- Cura il tuo abbigliamento.
- Evita televisione / posta elettronica / facebook nelle prime ore del mattino.
- Porta subito a termine un'attività particolarmente complessa.

Trova le azioni che ti fanno venire l'appetito per il successo.
Tu come fai a dare il giusto ritmo alla tua giornata?

I tuoi buoni propositi, segui il *Bushido*.

E i buoni propositi per il nuovo anno?
Puoi fare tutte le liste di buoni propositi che desideri, ma se non impari a rispettare i 7 princìpi del *Bushido* difficilmente ne realizzerai qualcuno.

"Veloce come il vento, tranquillo come una foresta ed inamovibile come una montagna."
Clan Takeda.

Adoro il mondo dei Samurai. Abilità marziali a parte, ciò che mi ha conquistato fin da piccolino di questi eroici guerrieri giapponesi era il loro codice morale: il *Bushido* (letteralmente "la via del guerriero").
Sebbene questo insieme di norme militari e morali risalga addirittura al 660 a.C., il codice dei samurai fu messo per iscritto solo tra il XV e il XVI secolo da Tsuramoto Tashiro. Tashiro trascrisse infatti i precetti del Bushido, così come gli erano stati insegnati dal monaco-guerriero Yamamoto Tsunetomo.

Ma perché ti sto ammorbando con la storia di una casta guerriera ormai morta e defunta?
Fine dicembre è il periodo in cui molti di noi tirano le somme dell'anno che si sta per chiudere e iniziano a pensare ai buoni propositi per l'anno nuovo. C'è chi vorrebbe perdere qualche kg di troppo, chi smettere di fumare e chi ancora vorrebbe dare una svolta radicale alla propria carriera accademica o professionale.
Non c'è nulla di male in questi buoni propositi, ma entrambi sappiamo che solo pochi di noi riusciranno davvero a rispettarli per più di qualche settimana.

Spetta infatti ad ognuno di noi scegliere il proprio Nord, Sud, Ovest ed Est morali: ovvero quei princìpi fondamentali che ci guidino, giorno dopo giorno, sia nelle piccole scelte che nelle decisioni di più ampia portata.

I samurai, grazie al *Bushido*, conoscevano molto bene i propri "punti cardinali": per la precisione erano tenuti a rispettare sette regole morali imprescindibili.

In questo capitolo, invece di proporti una delle tante liste di buoni propositi, ho deciso di andare più in profondità, condividendo con te le sette regole fondamentali del *Bushido*; regole che ancora oggi mantengono intatta tutta la loro forza e che mi auguro possano essere per te dei punti di riferimento lungo il sentiero verso la realizzazione dei tuoi buoni propositi per l'anno nuovo.

1. (Gi): Onestà e Giustizia

"Sii scrupolosamente onesto nei rapporti con gli altri, credi nella giustizia che proviene non dalle altre persone ma da te stesso. Il vero Samurai non ha incertezze sulla questione dell'onestà e della giustizia. Vi è solo ciò che è giusto e ciò che è sbagliato."

Viviamo in un paese in cui vigono mille leggi e leggine, spesso in contraddizione tra loro, e ad essere premiato è colui che riesce a trovare "l'inganno", il modo di aggirare queste regole.

Questo modus operandi è terribilmente miope. Non potrai mai costruire nulla di solido se sei alla continua ricerca della scorciatoia, del mezzuccio per ottenere qualche piccolo vantaggio momentaneo.

Questo vale anche nella crescita personale: "devi imparare ad essere scrupolosamente onesto nei rapporti con… te stesso". Il raggiungimento di qualsiasi obiettivo ambizioso richiede due elementi:

Chiarezza d'intenti.

Piena assunzione di responsabilità.

2. (Yu): Eroico Coraggio

"Elevati al di sopra delle masse che hanno paura di agire, nascondersi come una tartaruga nel guscio non è vivere. Un Samurai deve possedere un eroico coraggio, ciò è assolutamente rischioso e pericoloso, ciò significa vivere in modo completo, pieno, meraviglioso. L'eroico coraggio non è cieco ma intelligente e forte."
Non c'è libro, articolo o corso di formazione sulla famigerata zona di comfort che possa anche solo lontanamente competere con queste poche righe del *Bushido*: "nascondersi come una tartaruga nel guscio non è vivere".
Rincorrere i tuoi obiettivi annuali ti richiederà di compiere atti di coraggio, un eroico coraggio, ma non c'è alternativa se vuoi vivere appieno la tua vita. Questo però non significa prendersi rischi inutili o stupidi: l'eroico coraggio è "intelligente e forte", mai cieco.

3. (Jin): Compassione

"L'intenso addestramento rende il samurai svelto e forte. È diverso dagli altri, egli acquisisce un potere che deve essere utilizzato per il bene comune. Possiede compassione, coglie ogni opportunità di essere d'aiuto ai propri simili e se l'opportunità non si presenta egli fa di tutto per trovarne una. La compassione di un samurai va dimostrata soprattutto nei riguardi delle donne e dei fanciulli."
Vuoi essere amato ed apprezzato? Impara ad amare e ad apprezzare gli altri. Vuoi fare soldi? Trova il modo di risolvere i problemi degli altri. Vuoi realizzare i tuoi obiettivi? Aiuta gli altri a realizzare i loro.
No, non ti sto suggerendo un venale "*do ut des*": il termine compassione deriva dal latino *cum* (insieme) – *patior* (soffro). La compassione, il terzo principio fondamentale del *Bushido*, si concretizza dunque nella partecipazione alla sofferenza dell'altro e, più in generale, nella condivisione delle aspirazioni e dell'impegno altrui.

Se vuoi realizzare i tuoi buoni propositi, diventa partecipe degli obiettivi degli altri e lascia che gli altri diventino partecipi dei tuoi. Ricorda: una delle strategie più efficaci per realizzare i tuoi buoni propositi consiste proprio nel far leva sulla forza di volontà estesa.

4. (Rei): Gentile Cortesia

"I Samurai non hanno motivi per comportarsi in maniera crudele, non hanno bisogno di mostrare la propria forza. Un Samurai è gentile anche con i nemici. Senza tale dimostrazione di rispetto esteriore un uomo è poco più di un animale. Il Samurai è rispettato non solo per la sua forza in battaglia ma anche per come interagisce con gli altri uomini. Il miglior combattimento è quello evitato."
La scarsa autostima si manifesta in due modi: attraverso un atteggiamento passivo, ma anche attraverso un atteggiamento aggressivo. Pensi davvero che quel pallone gonfiato che sente la necessità di ribadire ad ogni occasione la sua presunta superiorità abbia fiducia in sé stesso?
Un samurai "non ha bisogno di mostrare la propria forza". Tra passività ed aggressività egli ha imparato a coltivare una terza via: la via dell'assertività.

5. (Makoto): Completa Sincerità

"Quando un Samurai esprime l'intenzione di compiere un'azione, questa è praticamente già compiuta, nulla gli impedirà di portare a termine l'intenzione espressa. Egli non ha bisogno né di "dare la parola" né di promettere. Parlare e agire sono la medesima cosa."
"parlare e agire sono la medesima cosa": quanti di noi possono onestamente affermare di rispettare questo quinto princìpio del *Bushido*?
A ben pensarci, basterebbe far proprio quest'unico precetto morale per poter realizzare l'intera lista dei nostri buoni propositi.
Non mi stancherò mai di ripetere quanto sia importante per la nostra crescita personale il rispetto della parola data: questo vale per le

promesse che facciamo agli altri, ma anche e soprattutto per le promesse che facciamo a noi stessi.

Credo fermamente che uno dei passi fondamentali per riconquistare la fiducia in noi stessi consista proprio nel rendere coerenti i nostri pensieri, le nostre parole e le nostre azioni. Per farlo dobbiamo imparare a mantenere le promesse.

Non mi interessa quanti e quali buoni propositi intendi realizzare, se non vuoi che il nuovo anno sia una mediocre replica dell'anno passato: prometti poco e mantieni tanto.

6. (Meiyo): Onore

"Vi è un solo giudice dell'onore del Samurai: lui stesso. Le decisioni che prendi e le azioni che ne conseguono sono un riflesso di ciò che sei in realtà. Non puoi nasconderti da te stesso."

Siamo il risultato delle decisioni che abbiamo preso ieri e delle azioni che abbiamo compiuto oggi. Fai dunque attenzione a ciò che deciderai oggi e alle azioni che intendi rimandare a domani.

7. (Chugi): Dovere e Lealtà

"Per il Samurai compiere un'azione o esprimere qualcosa equivale a diventarne proprietario. Egli ne assume la piena responsabilità, anche per ciò che ne consegue. Il Samurai è immensamente leale verso coloro di cui si prende cura. Egli resta fieramente fedele a coloro di cui è responsabile."

"Egli ne assume la piena responsabilità, anche per ciò che ne consegue": questa la devo aver già letta da qualche parte... non possiamo cambiare vita finché non ci assumiamo il 100% delle responsabilità di ciò che stiamo vivendo in questo preciso istante. Questo non significa che noi siamo la causa degli eventi negativi ed imprevedibili che a volte si abbattono sulla nostra vita, ma è comunque una nostra responsabilità decidere come reagire a questi eventi.

Lungo il sentiero verso la realizzazione dei tuoi buoni propositi, incontrerai degli ostacoli e degli intoppi: questo te lo posso assicurare. Continuerai ad essere leale nei confronti dell'impegno che ti sei preso o getterai la spugna alla prima occasione?

Spero che quanto letto ti ispiri per questo nuovo inizio all'orizzonte.

Il pensiero laterale.

Diventare dei "problem solver seriali" non è per nulla facile. Nulla è dovuto, soprattutto nel business.

Quindi, di cosa parleremo in questo capitolo?

Di come risolvere i problemi, ma in maniera particolare.

IL PENSIERO LATERALE

Hai mai sentito parlare di pensiero laterale? In questo capitolo vedremo cos'è e come sviluppare questa abilità, ma soprattutto ti spiegherò come sfruttarla per raggiungere i tuoi obiettivi.

"Non puoi scavare un nuovo buco limitandoti a scavare lo stesso buco più a fondo."
Edward De Bono.

Immagina di ritrovarti in una stanza con due sole porte. Attraversando la prima sarai polverizzato all'istante da una gigantesca lente in grado di concentrare i raggi solari. Aprendo la seconda invece sarai investito dalle fiamme di un possente drago. Quale delle due porte scegli?

Naturalmente la prima porta (quella della lente)! Dovrai semplicemente aspettare che cali il sole.

Quello che hai appena letto è un classico esempio di indovinello ideato per mettere alla prova il tuo pensiero laterale (o "divergente"), ovvero la tua capacità di pensare in modo creativo, non dare nulla per scontato e trovare soluzioni brillanti alle sfide della vita.

In una società in cui, entro il 2030, un terzo degli attuali lavoratori sarà sostituito da robot, software e macchine intelligenti, il pensiero laterale è una qualità sempre più fondamentale (e richiesta) per fare carriera, sviluppare nuove idee di business e fare progressi in ambito artistico e scientifico.

Insomma, laurearti in tempo e col massimo dei voti non ti basterà: o impari a pensare fuori dagli schemi o sei fuori dai giochi…

In questo capitolo voglio spiegarti nel dettaglio cos'è il *lateral thinking*, quali sono le 4 strategie più efficaci per sviluppare questa tua abilità e… divertirmi un po' insieme a te con alcuni dei migliori enigmi di pensiero laterale.

Iniziamo!

Cos'è il pensiero laterale: definizione, origini ed applicazioni.

Cercando la definizione di "pensiero laterale" su Wikipedia, otterrai questo risultato:

"Con il termine pensiero laterale si intende una modalità di risoluzione di problemi logici che prevede un approccio indiretto ovvero l'osservazione del problema da diverse angolazioni, contrapposta alla tradizionale modalità che prevede concentrazione su una soluzione diretta al problema."

In parole povere, applicare i principi del pensiero laterale significa uscire dal sentiero battuto della logica sequenziale (o "verticale") per esplorare strade nuove e che la maggioranza delle persone spesso ignora.

Il termine fu coniato nel 1967 dallo psicologo maltese Edward De Bono, riconosciuto unanimemente come il padre del "*lateral thinking*", nonché autore di diversi libri sull'argomento.

Libri a parte, è indiscutibile l'importanza di imparare a pensare fuori dagli schemi, non a caso gli indovinelli di pensiero laterale sono spesso utilizzati nei colloqui di lavoro di alcune delle aziende più ambite dai neo-laureati occidentali:

- Google.
- McKinsey & Co.
- Facebook.

- Boston Consulting Group.
- Airbnb.
- Bain & Co.
- Apple

Queste aziende infatti non solo cercano i migliori laureati delle migliori università, ma vogliono tra le proprie fila individui che siano in grado di risolvere problemi complessi attraverso soluzioni creative.

Se poi la tua ambizione è fondare la prossima Google, allora il pensiero laterale è uno di quegli "attrezzi" che non possono mancare nella tua "cassetta mentale".

Vediamo allora 4 strategie pratiche per sviluppare questa abilità!

"Devi avere il caos dentro di te, per generare una stella danzante."
Friedrich Nietzsche.

1. Occhio a ciò che dai per scontato

Spesso abbiamo difficoltà a risolvere problemi particolarmente difficili, perché diamo per scontati aspetti del problema che scontati non lo sono affatto.

Pensa ad esempio all'indovinello con cui ho aperto questo capitolo: prima di leggere la soluzione, molto probabilmente eri convinto che la scelta di una delle due porte dovesse essere fatta immediatamente. Insomma, il tuo cervello aveva fatto un'ipotesi (non corretta), che lo ha allontanato dalla soluzione.

Il problema è che quell'ammasso di neuroni che ci troviamo tra un orecchio e l'altro non fa altro che generare senza sosta queste ipotesi, spesso campate in aria.

Lo fa naturalmente per semplificarci la vita: la mente umana (nello specifico, l'emisfero sinistro) è infatti alla continua ricerca di "scorciatoie", "schemi già visti", "relazioni tra oggetti e situazioni", che ci permettano di individuare una soluzione senza sprecare troppe energie.

Nel 90% dei casi queste euristiche del pensiero funzionano alla grande, ma quando siamo di fronte a problemi complessi, il rischio di finire vittime di uno dei famigerati *bias* cognitivi è molto alto.

Se vuoi imparare a pensare fuori dagli schemi, ogni volta che affronti uno dei puzzle che la vita ti presenta, impara a fare una lista dettagliata di tutto ciò che stai dando per scontato, ovvero delle ipotesi che stai facendo senza neanche rendertene conto.

Questa tecnica, all'apparenza ridondante, è fondamentale per fare emergere tutte le tue supposizioni, e individuare quelle che non ti stanno consentendo di trovare una soluzione davvero creativa.

2. Inizia dalla fine

Un altro degli errori che commettiamo tipicamente di fronte ad un problema complicato, è quello di fossilizzarci troppo sul… problema, perdendo di vista la meta che vogliamo raggiungere!

Un'ottima strategia di pensiero laterale consiste dunque nell'iniziare dalla fine:

Definisci in modo puntuale il risultato finale che vuoi ottenere. Immagina quello che dovrebbe essere il passo che precede immediatamente il traguardo.

Continua a regredire, un passo alla volta, finché non avrai raggiunto la tua situazione attuale.

3. Fai un po' di "po"…

Il termine "po", coniato anch'esso da Edward De Bono, indica un'idea, spesso bizzarra e poco attuabile, che consente però alla mente di non rimanere bloccata all'interno di schemi di pensiero tradizionali, di esplorare terre nuove, terre fertili per soluzioni davvero innovative.

Ad ispirare De Bono sono state parole come: ipotesi, supposizione, possibile, poesia. Ma anche e soprattutto l'espressione della lingua māori "Po", che indica il brodo primordiale da cui è nato l'intero universo.

Se ti ritrovi bloccato e incapace di raggiungere i tuoi obiettivi, un'ottima strategia consiste dunque nello stilare una lista di 100 idee apparentemente assurde.

È importante che questa lista sia molto lunga. All'inizio infatti le tue idee saranno piuttosto banali. Costringendoti però a generare continuamente nuovi "po", ti accorgerai che una volta libero dai condizionamenti sociali inizierai a sfruttare davvero la tua creatività e fantasia.

4. Riformula la domanda

Lo psicologo americano John Dewey una volta disse che "un problema ben formulato e già per metà risolto". Come dargli torto? Magari sarà capitato anche a te: ti fanno una domanda in un certo modo e non hai la più pallida idea di come rispondere; poi ti rifanno la stessa domanda in modo leggermente diverso e subito ti si accende una lampadina in testa.

Riformulare le domande che ci poniamo è una delle tecniche di pensiero laterale più efficaci per risolvere un problema.

Ecco come applicarla nella pratica: prendi le varie componenti di una domanda ed inizia a giocarci. Togli degli elementi, riordinali, aggiungine di nuovi.

Nel nostro indovinello ti ho chiesto: "quale delle due porte scegli?". Per risolvere l'enigma avresti potuto iniziare a modificare questo quesito, domandandoti cose del tipo: "devo scegliere per forza una delle due porte?", "devo sceglierla ora?", "esiste una finestra?", "la lente mi ucciderà all'istante, sempre?", "il drago mi ucciderà all'istante sempre?", e così via.

Giocando con la domanda iniziale si apriranno per te infinite possibilità.

Come riconoscere quella giusta? È spesso la soluzione più semplice ed elegante, e quella che richiede il numero minore di condizioni al contorno per essere realizzata. Questo vale negli indovinelli, come nella vita reale.

Un esempio? Se tra i tuoi obiettivi c'è la crescita finanziaria, ma non sei ancora riuscito a risolvere il rompicapo delle "tasche vuote", in questo capitolo ti spiego come riformulare le domande sbagliate che ti stai facendo sul tema soldi.

Bene, mi auguro che queste strategie ti siano piaciute: adesso però è arrivato il momento di vedere se funzionano davvero!

Qui sotto ho riportato per te alcuni dei migliori indovinelli di pensiero laterale. Leggili, sfrutta le 4 tecniche che abbiamo appena visto per risolverli e allena questa abilità così fondamentale per la tua crescita e il tuo successo personale.

Mettiti alla prova!

"Gli indovinelli sono una cosa serissima. La capacità di risolverli è indice di una mente sana."
Stephen King.

Ecco alcuni dei miei indovinelli preferiti per testare le tue abilità di *lateral thinking*.

Enigma 1: il pompiere assassino
Dopo aver ricevuto una telefonata anonima, la polizia decide di irrompere in una casa per arrestare un sospetto omicida.

I poliziotti non sanno che aspetto abbia l'assassino, ma conoscono il suo nome, Giovanni, e che si trova all'interno dell'edificio.

Durante l'irruzione gli agenti trovano un falegname, un medico, un meccanico e un pompiere che giocano a carte.

Senza la minima esitazione e senza rivolgere una sola parola, i poliziotti arrestano subito il pompiere. Come fanno a sapere con certezza di aver catturato l'uomo giusto?

Enigma 2: l'uomo nell'attico
Un uomo vive in un attico di un grattacielo di New York. Ogni mattina prende l'ascensore per scendere al pian terreno e lascia l'edificio. Al suo ritorno però, l'ascensore lo porta solo fino a metà grattacielo e deve risalire il resto dei piani a piedi (a meno che fuori non piova).
Come si spiega?

Enigma 3: il bambino volante
Un bambino cade a terra da un edificio di 20 piani, ma sopravvive senza un graffio: come è possibile?

Enigma 4: il chirurgo ubiquo
Un uomo e suo figlio sono coinvolti in un grave incidente stradale. L'uomo purtroppo muore sul colpo e quando arrivano i soccorsi il ragazzo versa in gravi condizioni.
L'ambulanza lo trasporta immediatamente all'ospedale per sottoporlo ad un delicato intervento chirurgico.
Quando il chirurgo vede il ragazzo però dice immediatamente: "non posso fare io l'intervento, questo è mio figlio!".
Risolvi l'enigma.

Enigma 5: l'uovo di troppo
C'è una confezione con 6 uova. 6 persone prendono ognuna un uovo a testa, ma alla fine rimane comunque un uovo nella confezione: quale potrebbe essere una possibile spiegazione?

Carini vero? Ricorda, questi indovinelli servono ad esercitare il tuo pensiero laterale e la soluzione "giusta" è la più semplice ed elegante
Divertiti.

Il meritato riposo.

Dunque, immaginatevi a fino giugno/luglio, ormai ci siamo. Le valigie sono chiuse, gli itinerari sono delineati e i motori sono già belli caldi, come un bel dolce appena sfornato. Ci siamo. Il momento più atteso dell'anno è qui: le vacanze estive.
La stragrande maggioranza delle persone partono proprio di questi periodi. Un esodo di massa si riversa lungo le autostrade del nostro paese. Milioni di Italiani e non, sono finalmente pronti a godersi un po' di sano relax. (Meritato? Mmm chissà..). C'è chi rimane qui in Italia e chi decide di andare a visitare un paese straniero…

Ma come si può essere al top anche in vacanza?
Sono fermamente convinto che nella vita, anche nei momenti in cui si rallenta, anche nei momenti in cui ci si si rilassa volutamente, ci sia sempre il modo di migliorarsi ed arricchirsi come esseri umani. Potete sfruttare il periodo di vacanza per imparare nuove abilità che vi permettano di fare il salto di qualità una volta che tornerete operativi. Questo anche perché avete meno pressioni in generale, quindi è più semplice apprendere un nuovo argomento che vi sarà utile per la vostra scalata al successo.
Vacanza vuol dire interrompere la routine, fare qualcosa di diverso dal solito per ricaricare le energie e tornare poi più forti di prima. Voi avete mai visto persone tornare dalle vacanze meglio di come erano partite? E nemmeno io!
Ed è qui che bisogna pensarla in maniera differente. Basta svaccarsi su una sdraio a rosolare come un pollo allo spiedo! Andare in vacanza può essere un'occasione per fare esperienze che ci possano anche aiutare dal punto di vista imprenditoriale.
Ad esempio, le attività con un'alta carica di adrenalina sono il top secondo me! Ci insegnano a gestire la paura del momento, a vivere

le emozioni, a farci superare quel blocco mentale che ci impedisce di fare quel passo che avevamo paura di fare.

Oppure, allenate la vostra curiosità! Un imprenditore deve essere anche curioso, deve essere un esploratore della sua attività, ma anche delle nuove prospettive che ci propina il mondo di oggi. Fate esplorazioni, provate nuovi alimenti, siate curiosi di scoprire i segreti del posto in cui siete andate ad immergere le vostre sacre natiche!

Leggete! Leggete qualcosa che vi piaccia, che vi arricchisca, che vi permetta di fare un viaggio introspettivo per approfondire un argomento da un punto di vista diverso.

Fate network! In vacanza sono tutti più propensi a fare amicizie ed a socializzare. Magari il vostro vicino di ombrellone è una persona che può aiutarvi in un settore in cui siete carenti. Questo succede particolarmente se frequentate posti top. Tuttavia, anche se non andate a Forte dei Marmi, ci sono diversi modi di interagire con persone migliori di noi e che possono comunque arricchirci in qualche modo!

Sfruttate le vacanze anche per pianificare le azioni da intraprendere una volta concluso questo periodo. Fissatevi un obbiettivo per il quale lavorare e che, una volta conquistato, potrà permettervi di fare un'altra vacanza! È giusto festeggiare un traguardo! Qualunque esso sia.

Ricordatevi, la vacanza può essere come il "punto morto inferiore" di una fionda. In quel preciso istante è tutto fermo, ma una volta superato quel momento, si parte a razzo verso il target prefissato. È sempre il momento buono per avere successo! Ed il successo, passa anche dal riposo!

La gratitudine.

Non tutto quello che abbiamo ci è dovuto! Dobbiamo Essere grati ogni giorno per ciò che abbiamo per poterne godere ed essere felici e sereni con noi stessi in primis!

"Ricordati che non essere felici significa non essere grati."
Elizabeth Carter.

Spesso dimentichiamo lo stretto legame che esiste tra la nostra infelicità e la gratitudine, o meglio, l'assenza di gratitudine. Quando sei infelice, giù di morale o demotivato, ci sono buone probabilità che tu stia ripetendo più e più volte nel corso della giornata la stessa azione: lamentarti.
Che tu sappia… lamentarti ti ha permesso di raggiungere qualche obiettivo degno di nota? Lamentarti con te stesso ti ha fatto ritrovare la motivazione? Lamentarti con gli altri ha cambiato la situazione? Lamentarti con il mondo lo ha reso un posto migliore?
Difficilmente cambierai la tua situazione se continui a comportarti come un frignone.
Se vuoi affrontare i problemi della vita con un atteggiamento diverso, ma non sai da dove iniziare, comincia con il fare il contrario di quanto fatto fino a questo momento! Se finora ti sei soltanto lamentato, è arrivato il momento di praticare la… gratitudine.

In un libro in lingua inglese pubblicato dal Dott. Robert A. Emmons (*Thanks! How Practicing Gratitude Can Make You Happier*), sono stati raccolti i più recenti studi sulla gratitudine e sugli effetti tangibili che questa emozione ha sul nostro umore e sulla nostra felicità di lungo termine.

Particolarmente interessante uno studio che ha coinvolto 3 gruppi di persone per un periodo di 10 settimane:

Al primo gruppo fu chiesto di scrivere ogni settimana, per 10 settimane, 5 cose di cui erano stati grati nel corso dei 7 giorni precedenti.

Al secondo gruppo fu chiesto di scrivere 5 problemi che avevano dovuto affrontare.

Al terzo gruppo, infine, fu chiesto di scrivere 5 eventi che avevano vissuto.

Al termine dell'esperimento, utilizzando un test standardizzato per rilevare l'umore dei partecipanti, gli studiosi giunsero ai seguenti risultati: tutti gli appartenenti al primo gruppo (il gruppo della "gratitudine") risultavano essere mediamente il 25% più felici degli altri partecipanti.

Sarebbe curioso capire che caspita significa essere il "25% più felici", ma americanate a parte, è interessante notare come gli appartenenti al "gruppo della gratitudine" avevano dimostrato, in modo consistente, un atteggiamento più ottimistico nei confronti del futuro, un benessere generalizzato e addirittura la tendenza ad allenarsi circa un'ora e mezzo in più alla settimana rispetto agli appartenenti degli altri gruppi.

Emmons ed i suoi colleghi, in realtà, hanno fatto la così detta scoperta dell'acqua calda: da numerosi secoli, svariate filosofie/religioni orientali sottolineano l'importanza di coltivare quotidianamente la nostra gratitudine.

Insomma, il messaggio è chiaro: non importa che tu preferisca la scienza, la religione o le cavolate self-help mistiche, ciò che conta è che tu pratichi quotidianamente la gratitudine.

Eh… più facile a dirsi che a farsi.

5 tecniche per praticare la gratitudine

Ma non staremo un po' esagerando qui?! Non è che ci voglia il genio della lampada! Se vuoi esprimere gratitudine… devi semplicemente dire: grazie.

Dire "grazie" non sempre significa esprimere gratitudine, così come dire "ti amo" non sempre significa amare.

Praticare la gratitudine significa assumere in modo costante un atteggiamento di "felicità ingiustificata". Ti è mai capitato di essere felice per eventi o situazioni apparentemente banali? Di apprezzare un tramonto, il profumo del bucato o un brano musicale?

Questa emozione non è così semplice da ottenere, soprattutto quando ti senti preoccupato, demotivato o stressato. Ma esistono tecniche per "ingannare" il nostro cervello e costringerlo ad entrare in una condizione di gratitudine.

Vediamole:

1) Tieni un diario della gratitudine. "ma che cavolo ci devo scrivere in questo diario?!". Tenere un diario personale può essere una buona occasione per praticare la gratitudine: ogni giorno, prima di andare a dormire scrivi 3 cose per cui sei stato grato nel corso della giornata. Niente di eclatante, solo 3 eventi o situazioni senza i quali la tua vita sarebbe stata un pochino peggiore: un buon pasto, una chiacchierata stimolante, un piccolo successo/soddisfazione, etc.

2) Usa i tuoi sensi. Nello studio di Emmons, quasi l'80% degli appartenenti al "gruppo della gratitudine" avevano citato tra le cose di cui essere grati elementi legati alla propria salute. Essere in salute significa anche poter apprezzare i nostri 5 sensi. Nel corso della giornata concentrati sulla tua abilità di percepire il mondo che ti circonda e sii grato per: un paesaggio particolarmente gradevole (vista), un brano musicale che ti ha deliziato (udito), il profumo del pane appena sfornato (olfatto), il sapore di una pietanza prelibata (gusto), il tocco piacevole sulla tua pelle delle lenzuola appena stirate (tatto).

3) Ricordati di essere grato. Spesso ci dimentichiamo semplicemente di essere grati. In questi casi qualsiasi mezzo è lecito per ricordarci di dire "grazie": usa la tua *to-do list*, il *wallpaper* del tuo desktop o del tuo smartphone, o una sveglia. Non importa quale strumento scegli, ma ricordati di essere grato.

4) Ripeti un mantra. Un mantra è una frase, generalmente breve, che va continuamente ripetuta. Scegli un mantra che ti ispira particolarmente e che è in grado di suscitare dentro di te un sentimento di gratitudine e ripetilo continuamente nel corso della tua giornata. Sto parlando di frasi semplici, ma non voglio suggerirtene alcuna, perché un mantra è qualcosa di estremamente personale e la stessa frase che può dimostrarsi molto potente per noi, può risultare insignificante per qualcun altro.

5) Trova ragioni improbabili per essere grato. Questa ultima tecnica è la più divertente e sicuramente una delle più efficaci, perché contrasta i pensieri negativi sul loro stesso campo. Spesso praticare la gratitudine è difficile, soprattutto se abbiamo avuto una di quelle belle giornatine di m**da. Ma è proprio in questi momenti che la gratitudine può esserci di particolare aiuto: pensa a ciò che è andato storto e a tutte le improbabili conseguenze positive di quello che attualmente consideri un disastro. Hai perso il treno/aereo/metro/tram/bus? Magari questo ritardo ti farà incontrare la tua anima gemella. Il tuo iPhone si è appena schiantato per terra? Ecco l'occasione per iniziare una bella dieta mediatica. Usa la fantasia e trova improbabili ragioni per dire grazie: se imparerai ad essere grato delle cose che vanno storte nella tua vita, questi eventi avranno "0" potere su di te. Non male vero?

Beh... cosa ne pensi?

Lo so, lo so: stai pensando che queste sono solo caz**te, che tu sarai felice solo dopo aver raggiunto i tuoi ambiziosi obiettivi, o solo dopo che si saranno verificate determinate condizioni nella tua vita (maggior stabilità finanziaria, una nuova relazione, un fisico perfetto, etc.).

Però, tentar non nuoce... no?

Focus e gestione del tempo.

Ogni dottrina umana ha i suoi principi basilari: ci sono le leggi della termodinamica, le leggi di Keplero… le leggi di Murphy!
Anche il mondo della produttività ha i propri comandamenti.
In questo capitolo voglio parlarti di uno di questi comandamenti, e di come puoi sfruttarlo per fare il doppio delle cose in metà del tempo.

La legge di Parkinson

"Il lavoro si espande fino ad occupare tutto il tempo disponibile; più è il tempo e più il lavoro sembra importante e impegnativo."
Cyril N. Parkinson

Una sorta di legge di Parkinson "nostra" dice più semplicemente: "Più tempo avrai, più ne sprecherai."

Probabilmente questi principi non ti suonano completamente nuovi. Quella volta all'università, quando hai scoperto di avere una settimana in più per preparare l'esame, hai studiato comunque fino a mezzanotte anche l'ultimo giorno. E di quella bolletta ti ricordi? Sapevi della scadenza da 2 mesi, eppure hai rischiato di pagare la penale. Per non parlare di quel progetto al lavoro, la scadenza è stata prorogata, ma tu sei più incasinato di prima!
Ma se è vero che più tempo abbiamo, più ne sprechiamo, è anche vero il contrario: quando il tempo scarseggia, tendiamo a lavorare per priorità e con maggiore efficacia.

– tempo = + motivazione

Una scadenza ravvicinata ci costringe a focalizzarci sugli obiettivi che dobbiamo raggiungere: il rischio di non riuscire a completare il lavoro, e le possibili conseguenze negative, ci motiva.

Pensando al binomio "il bastone e la carota", la scarsità di tempo è sicuramente un "bastone", e quindi un tipo di motivazione poco apprezzabile, ma il punto è che… funziona. Se sei un procrastinatore incallito, sai benissimo che una scadenza imminente a volte è l'unico sprone che ti spinge ad agire.

Vediamo allora come possiamo utilizzare la legge di Parkinson per imparare a fare di più con meno tempo.

Mentre stavo pensando a quale potesse essere l'esempio pratico più efficace per dimostrarti quali risultati si possono ottenere volgendo la legge di Parkinson a proprio vantaggio, mi sono accorto che la stavo applicando senza accorgermene.

Il conto alla rovescia sul mio cellulare segna 5′ 22″ (21″… 20″… 19″). Quando l'ho attivato prima di iniziare a scrivere questo capitolo era impostato su 30′ 00″.

Quando devi completare un'attività, prova ad utilizzare questa applicazione pratica della legge di Parkinson:

- immagina quanto tempo potresti impiegare per completare un'attività
- dividi per 2 il tempo immaginato
- imposta un timer ben visibile con la nuova scadenza
- VIA!!!

Avere una scadenza sfidante per completare un'attività ti dà l'impulso ad agire immediatamente e ti permette di focalizzarti sul tuo obiettivo senza perderti in distrazioni.

Un consiglio: attento a non esagerare! Scadenze impossibili rischiano di essere controproducenti. Se decidi di scrivere la Divina Commedia in 3 minuti, l'unico risultato che avrai ottenuto è quello di non essere riuscito a rispettare la tua scadenza; più demotivato di prima, imposterai un'altra scadenza impossibile, cadendo in un circolo vizioso che ti porterà solamente a perdere tempo e motivazione.

Conto alla rovescia del cellulare: 0' 48".

A quanto pare... funziona!

Sprechiamo davvero tanto tempo durante l'arco delle nostre giornate, farne un uso migliore credo debba essere una delle priorità da sviluppare se si vuole diventare realmente delle macchine da guerra inarrestabili.

La regola del 40% dei Navy Seal.

Ci sono momenti in cui andare avanti sembra impossibile, in cui siamo certi di aver raschiato il fondo delle nostre riserve, ma è proprio in questi momenti che dovremmo ricordare la regola del 40%.

"La determinazione è il duro lavoro che fai dopo che ti sei stancato del duro lavoro che hai fatto."
Newt Gingrich.

Quella di Gingrich è in assoluto una delle frasi sull'andare avanti che più amo. Poche altre citazioni infatti catturano l'essenza del concetto di determinazione meglio di questa.

Eppure ho il sospetto che in questo momento tu abbia bisogno di qualcosina in più di semplici frasi motivazionali:

- Magari sei all'università e per quanto impegno tu ci stia mettendo, non riesci ad andare avanti nel tuo percorso accademico.
- Magari stai cercando di cambiare vita grazie ad un nuovo business e lo vorresti fare instaurando nuove buone abitudini, ma nonostante la tua buona volontà, difficilmente riesci ad essere costante e ad ottenere risultati significativi.
- Magari stai rincorrendo un ambizioso obiettivo professionale e ultimamente ti stai chiedendo se forse non sia… troppo ambizioso!

Beh, qualsiasi sfida tu stia affrontando, se pensi di essere arrivato al limite, se sei convinto di non riuscire più ad andare avanti, dedicami i prossimi 5 minuti.

Noi siamo esseri viventi pieni di paradigmi mentali. Veramente, ne abbiamo un triliardo nella nostra testa. Buona parte di essi si sono cementificati grazie a dei modi di comportarci quotidiani dei quali magari non ce ne accorgiamo nemmeno più, ma che, purtroppo, spesso inficiano negativamente su di noi.

Questo è uno strumento molto semplice, ma che mi auguro ti aiuterà a ripensare quelli che sono i tuoi veri limiti.

Quando pensi di non riuscire più ad andare avanti, in realtà…
La regola del 40% può essere uno strumento fantastico per cambiare prospettiva e si è dimostrato per me fondamentale negli ultimi mesi.

"Ogni volta che sentiamo di non farcela più, perchè questo è il messaggio chiaro che il cervello ci invia, siamo invece in media solo al 40% delle nostre possibilità". Un pò come succede anche con la nostra intelligenza, che tutti sfruttiamo soltanto in minima parte (è un dato scientifico), rispetto alle nostre reali potenzialità.

Un'avvertenza però…
Limitarti a conoscere la regola di cui parla Itzler nel suo libro (*Living with a Seal*), non basta però. Per capirci meglio, in breve, questa regolina è applicata dai Navy Seal durante la loro durissima preparazione per spingerli a fare sempre di più. Naturalmente, tale percentuale non deve essere presa alla lettera, è sufficiente tenere a mente che quando siamo sul punto di rinunciare a tutto spesso la causa non è la mancanza d'energia, ma solo un blocco mentale.

Se vuoi davvero ridefinire il confine dei tuoi limiti, devi vivere sulla tua pelle quelle che in psicologia si chiamano esperienze emozionali correttive.

Senza perderci in paroloni…
Ripeterti "ce la posso fare!", "ce la posso fare!", "ce la posso fare!", o altre affermazioni positive, non serve ad una beneamata … e di certo non ti aiuterà ad andare avanti.

Se vuoi davvero superare i tuoi limiti, devi metterti nelle condizioni di fare un passo (anche piccolissimo) al di fuori di quella gabbia mentale dorata chiamata *comfort zone*.
Solo queste azioni concrete insegneranno al tuo cervello che certi limiti sono solo frutto della sua immaginazione.

Conclusioni
Sono convinto che nei prossimi giorni, in almeno un'occasione, avrai voglia di mollare la presa, di barattare i tuoi obiettivi per qualche distrazione a buon mercato.
Ehi! Non siamo robot, ci sta.
Quando però si presenterà una di queste occasioni, vorrei che ti ricordassi di questo post e della regola del 40%. Ma soprattutto vorrei che, invece di arrenderti alle prime difficoltà, tu provassi a dare una sbirciatina oltre quelli che oggi pensi siano i tuoi limiti.
Solo una sbirciatina. Un piccolo passo oltre il recinto. Nulla di più.

Sbaglia! Ti servirà.

Facciamo un passo indietro.

Andiamo a scuola, ci dicono cosa fare e cosa studiare e ci propinano compiti o interrogazioni per verificare se abbiamo imparato le cose prestabilite. Se non le sappiamo e, quindi, commettiamo un errore, veniamo puniti. Con un voto basso naturalmente. Una serie di voti bassi porta alla bocciatura, altro modo di punire l'errore commesso. Iterando il processo per ben 13 anni (!!!!) almeno, si arriva alla maggiore età in cui il nostro inconscio ci comunica, in maniera MOLTO invasiva, che non dobbiamo fare una cosa che non conosciamo, perché possiamo sbagliare ed essere puniti.

Questo, signori miei, credo sia uno dei fallimenti più grandi della nostra società.

I bambini vanno educati a FARE esperienze, a FARE anche degli errori, perché sono parte integrante del processo di apprendimento.

Ricordo anche che quando ero piccolo, se per caso tornavo a casa con le ginocchia sbucciate, prendevo anche il resto da mia madre.

Perché se ci pensate, quando un bambino piccolo cade, si alza e piange, non lo fa tanto per la paura o il dolore della caduta, ma si spaventa di più guardando il genitore in apprensione.

Questo meccanismo ci entra in testa e si ripete sempre nel corso della nostra vita, anche se apparentemente non è così.

Il nostro inconscio è più forte di ogni altro artificio mentale che possiamo usare per imbrogliarlo.

Quando poi si decide di diventare imprenditori, l'errore è il pane quotidiano con cui avere a che fare.

Ricordo ancora una frase di uno dei miei prof. universitari, uno dei pochissimi che stimo, il quale disse:

"Non dovete non commettere errori, anzi, dovete commetterne tanti il più velocemente possibile per imparare prima e crescere meglio e più in fretta."

È proprio così. Nel percorso imprenditoriale, qualunque business voi facciate, commetterete degli errori. Questi errori dovranno servirvi a capire cosa fare per evitarli nuovamente. Questo vale in qualunque ambito della vostra vita.
Il più frequente? Le relazioni interpersonali.
Quante volte ci si lascia per degli errori commessi nel tempo in maniera prolungata?

Non voler sbagliare, porta ad un altro ENORME problema, forse il numero uno per un imprenditore: il perfezionismo.
Non esiste cosa peggiore che rinchiudersi nella torre d'avorio del perfezionismo, per PAURA di agire e fare. Ragazzi, non riuscirete a concludere niente se vi fissate ad essere perfetti. (ripetere 10 volte ogni mezz'ora per i prossimi 50 anni della vostra vita)
La riflessione che vorrei portaste a casa oggi è questa:
Fate, mettetevi in gioco, fate anche male le cose, ma fatele! Non migliorerete facendo elucubrazioni mentali inutili. Sbaglierete, sbaglierete tanto!
Il mio augurio è che possiate sbagliare tanto, tantissimo ed il prima possibile, perché è l'unico modo che vi porterà al successo ed a diventare persone migliori un giorno. Non c'è augurio migliore di questo che possa farvi oggi.
È questo che distingue una persona di successo da un fallito.
Sbattere la testa contro qualcosa finché non esce come si deve. Non facendosi prendere dal concetto mentale "sbaglio, quindi faccio schifo e sono scarso e non avrò mai successo".
È esattamente il contrario. Per avere successo, BISOGNA sbagliare.
Se non stai sbagliando nulla, allora qualcosa non va.

Con l'esperienza, guardando indietro, penserete "ma come ho fatto a fare quella cosa proprio in quel modo osceno?".
Eppure, se non l'aveste fatta, oggi, non sareste quel tipo di persona con quel tipo di esperienza!

Il tuo peggior nemico.

Questo è il nemico numero uno del quale DOVETE sbarazzarvi il prima possibile…
Quale?
La paura di agire!
Ebbene si!
La paura fa parte dell'essere umano. È la paura che spesso guida le nostre azioni. È un sentimento molto potente sul quale fare leva. Purtroppo, nella maggior parte dei casi, si fa leva in maniera negativa su di essa, per sfruttarne appieno il potenziale.
La paura di agire, tuttavia, è il frutto di una serie di altre problematiche che si mescolano in un cocktail micidiale per un imprenditore di successo: paura del giudizio altrui, paura di non farcela, paura di non essere perfetti, paura di commettere errori, paura di fare l'ennesima cosa sbagliata…
Insomma, quelle vocine nella testa che ci impediscono di agire, non sono altro che il frutto di esperienze traumatiche passate, che ci tengono legati con delle catene belle grosse, un po' come il mito di Prometeo, il quale si vedeva mangiare il fegato ogni giorno da un'aquila, per poi vederlo ricrescere la notte, in un ciclo continuo e senza fine.
Voi siete Prometeo, e l'aquila è la paura che avete di agire, che torna ogni volta che cercate di spingervi oltre voi stessi, oltre la zona di comfort, oltre quelle vocine che avete nella testa.
Tuttavia, un imprenditore è un *problem solver*! Quindi, come lo risolviamo questo bel casino?

Beh, non ho la ricetta magica, tuttavia ho qualche dritta che magari potrà aiutarvi a spezzare le vostre catene.

1) Come dice un famoso formatore di successo, chiedetevi: "Se lo faccio, muoio? No? Allora lo faccio!"

2) Regola dei 5 secondi. Quando avete paura di fare qualcosa, può essere pagare 2000 dollari per un corso, oppure andare a conoscere una ragazza, oppure parlare ad un gruppo ampio di persone, agite ENTRO i 5 secondi. La decisione l'avete già presa, tuttavia, superata quella soglia di tempo, il vostro bel cervellino comincerà ad inventare le peggio scuse per non farvi combinare nulla, ancora una volta, nella vostra vita. AGITE!

3) È soltanto agendo che supererete le paure. Se non hai mai comprato un corso online, solo pagando ed avendolo avrai superato questo step apparentemente invalicabile. Idem con l'investire soldi in attività e via discorrendo. Lo stesso si può applicare a sfide emotive. Pensate a chi si lancia per la prima volta da un aereo. Razionalizzando, non ha senso avere paura la sera prima, il mattino stesso o durante la salita. Al momento del salto è il punto massimo di "paura critica". Ma è una frazione di secondo. Quando siete in discesa, ossia nel momento potenzialmente più pericoloso, la paura svanisce e lascia spazio alle emozioni positive. La paura non esiste per il semplice fatto che alberga in un luogo che non esiste, ossia, il futuro.

4) L'ignoto preoccupa tutti. È inevitabile. Tuttavia, visto che mi sono letteralmente stufato di essere consumato da ansia e preoccupazioni per eventi dei quali 1) non ho controllo e 2) non so se capiterà, ho iniziato a concentrarmi SOLO sulle problematiche presenti. La soluzione la si trova sempre. Ciò che ci sembra insormontabile, in realtà, lo è perché non abbiamo ancora DECISO di indossare l'equipaggiamento giusto per scalare queste piccole montagne.

Spero di essere riuscito a smuovere almeno l'1% della popolazione che leggerà questo piccolo capitolo.

"Non fare oggi quello che puoi fare domani"

In questo capitolo voglio affrontare un tema che mi vede coinvolto in prima persona. Una bestia nera che mi porto dietro da tutta la vita. Una palla al piede della quale bisogna assolutamente liberarsi, prima che ci faccia affondare insieme ad essa. E metto una mano sul fuoco che la maggior parte di voi ne soffre.

Oggi parleremo della Procrastinazione!

"In coro: Vabbè dopo lo leggo, ora sono impegnato"

Fermo lì! Non ti muovere e non cambiare pagina o chiudere il libro! Si, lo so che hai pensato questo. Dico proprio a te, medaglia d'oro di procrastinazione olimpica.

Questo problema ritengo che sia una delle piaghe di questo secolo. È troppo facile procrastinare. Le distrazioni sono infinite. Molto spesso la nostra vita potrebbe essere 10 volte meglio se avessimo fatto X cose Y tempo prima.

Già… SE AVESSIMO….

Il punto è che procrastinare è un meccanismo di difesa del nostro cervello. È come se si innescasse l'istinto della fuga, geneticamente presente nel nostro DNA dai tempi degli uomini delle caverne, i quali avevano due opzioni: combattere o fuggire.

Procrastinando noi fuggiamo da un qualcosa che abbiamo, consciamente o meno, paura di affrontare.

Procrastinare, oltre ad essere accentuato dalla pigrizia, è scatenato da una paura recondita. Quindi come si sconfigge?

Innanzitutto chiediamoci: Perché ho paura di questa cosa? Cosa suscita in me?

Rispondere onestamente a queste domande è fondamentale. Vi consiglio di scrivere le risposte. Prendetevi una mezz'ora e pensateci attentamente.

Fatto?

A questo punto, vi sentirete con la mente più libera ed avrete affrontato razionalmente la vostra paura. Sapete a cosa andate incontro. E questo è un primo passo fondamentale.

Il secondo *step* è creare un senso di urgenza e modificare l'ambiente in cui state. Togliete le distrazioni, concentratevi su UNA SOLA COSA ALLA VOLTA (Si, anche voi donne che siete *multitasking*). Cambiate ambiente se quello in cui lavorate non vi fa essere produttivi. Datevi delle scadenze precise. Non premiatevi se non riuscite a fare qualcosa entro quelle date. Siate severi, severissimi con voi stessi! Sempre!

Infine, ultimo ma non meno importante, alimentate sempre il fuoco dell'ambizione dentro di voi. È inutile voler lavorare se avete come obiettivo fare 500 euro in più al mese. Siate avidi di successo. Ogni giorno datevi la carica giusta per spingere sempre. Anche quando sembra che non potete fare nulla. Sognate cosa volete diventare e mettete, giorno dopo giorno, i mattoncini per la casa del futuro nella quale andrete a vivere!

La gestione delle emozioni.

Le emozioni non sono nient'altro che un mix di segnali che il nostro cervello invia al nostro corpo per rilasciare ormoni di varia natura. Senza scendere nei dettagli biochimici, detta in soldoni, le emozioni sono fenomeni che decidiamo NOI di far succedere…

Quante volte venite colpiti dall'ansia di qualcosa? Siete voi, con i vostri pensieri ed il vostro subconscio a far avvenire queste reazioni. Così come coloro i quali sembrano totalmente scevri da paure e preoccupazioni. Sono sempre loro a decidere tutto questo.

Ora, nel mondo imprenditoriale, il rischio è qualcosa con il quale convivere perennemente. Un po' come la dieta estiva e la fame perenne.

Tuttavia, il rischio non è un qualcosa di negativo. Pensateci. Il rischio è la leva che vi farà uscire dal vostro torpore, dalla zona di comfort, da quella tranquillità apparente che annebbia la mente.

Il rischio va calcolato. Sempre. Che voi investiate mille o un milione DOVETE SEMPRE tenere sotto controllo i fattori di rischio.

Ed è qui che entra in gioco la gestione dello stato emotivo. La paura deve esserci, ma va tenuta a bada. La gioia deve esserci, ma non deve farvi ritornare in quello stato di tranquillità apparente da quale dovete fuggire, prima che vi inghiotta, vi mastichi e vi risputi fuori facendovi diventare un impiegato postale qualunque!

Bisogna anche distinguere le emozioni. Esiste sempre una scala emotiva.

L'ansia di voler fare le cose in fretta è un problema delle volte, perché vi farà fare errori grossolani.

La paura di non vendere nulla perché avete messo la virgola anziché il punto e virgola nel vostro sito, invece, è soltanto una ca**ta pazzesca. Non va nemmeno considerata una paura, perché vi state focalizzando su fattori talmente stupidi, che vi consumano inutilmente energie e focus che dovete indirizzare verso cose più profittevoli.

Anche nella vita, gestire le emozioni è la chiave per essere persone di successo. Basti pensare quante persone rimangono single per PAURA di approcciarsi all'altro sesso. O quanti soffrono di malattie immaginarie. Oppure di quanti studenti SOFFRONO per le ansie degli esami, arrivando a livelli critici.

Tutto questo non va affatto bene. Allenarvi nella gestione delle emozioni credo debba essere uno dei vostri obiettivi principali nella vita. Ogni santo giorno bisogna adoperarsi e violentarsi per diventare persone che sono emozionali si, ma non sono fagocitate dalle stesse emozioni!

Citando una frase di un film visto di recente:
A: "Le tue emozioni ti rendono debole!"
B: "NO, le mie emozioni mi rendono forte!"
Ecco, saper usare le emozioni a vostro vantaggio, vi farà diventare degli schiacciasassi! Allenatevi ogni giorno in questo! In questo modo, la vostra vita e, perché no, quella di chi vi circonda, cambieranno NETTAMENTE ed in maniera positiva!

Il salto quantico, capitolo breve ma potente.

In meccanica quantistica, il salto quantico viene definito come il passaggio di un sistema da uno stato ad un altro in modo discontinuo e repentino. Ad esempio, il momento in cui una particella abbandona il suo stato precedente di energia per saltare a quello successivo. Oppure un terremoto.

Ti suona familiare? NO? Se ci fai caso, questi eventi hanno una caratteristica in comune: accumulano energia, apparentemente senza avere risultati, ma poi…

Chiariamo allora le cose: tu sei quella particella. Il tuo "stato energetico" è la tua attuale zona di comfort, il tuo attuale livello nel business e nella vita. Devi, ripeto, DEVI passare ad un livello superiore!

I risultati che non vedi subito, sono l'energia che accumuli, finchè, ad un certo punto, tutto cambia! Tutto ha un aspetto diverso. TU noti di avere un approccio mentale diverso!

Questo principio può essere esteso anche alle vendite, ai risultati in generale, ma anche nella tua vita!

Ti basti pensare agli studenti… che vedono il salto quantico solo dopo una lunghissima serie di sforzi che, apparentemente, non davano nessun risultato.

Quindi, la prossima volta che ti sembra di non fare progressi, ricordati che stai semplicemente "accumulando energia" per essere pronto a spiccare il volo e dare, finalmente, una svolta EPOCALE alla tua vita!

Pensa in grande, più grande!

Nella mia città, per chi non lo sapesse, è possibile deliziarsi gli occhi con la famosa Reggia di Caserta, costruita da Luigi Vanvitelli. Chi più di lui è riuscito a pensare in grande? Ha progettato la reggia più bella del mondo dopotutto! Se non avesse saputo pensare in quel modo, se non avesse avuto quel sogno, probabilmente avrebbe raggiunto un risultato tutt'altro che leggendario!
La storia, passata e moderna, è piena di persone che hanno saputo immaginare qualcosa di pazzesco!
Pensate all'Impero Romano! Loro si che sapevano pensare in grande!
Oppure, tornando ai giorni nostri, ad Elon Musk ed il suo recente lancio di diversi satelliti nello spazio… questo è pensare in grande!

Perché è importante pensare in grande?
In ogni cosa che decidiamo di affrontare nella vita, in ogni progetto, pensare in grande ci aiuta a compiere gesti fuori dal comune, gesti che ci portano a migrare fuori la zona di comfort, quella maledetta!
Inoltre, sappiamo già dall'inizio che lo sforzo che dovremo andare ad affrontare, sarà bello grande, per cui il nostro amato cervellino avvierà automaticamente dei meccanismi per non far uscire fuori quella vocina che tutti voi conoscete e che, quasi sempre, dice queste parole assassine: "Ma si, non preoccuparti, tanto che ci vuole a fare X.. è facile…" .

NO. QUESTO NON VA BENE.

Se stai progettando di aprire un ristorante, DEVI pensare, già dall'inizio, di aprire una CATENA DI RISTORANTI!

Se vuoi diventare un professionista bravo, DEVI pensare di diventare IL MIGLIORE IN QUEL SETTORE!
Se vuoi cominciare un business, DEVI pensare di diventare il numero uno indiscusso e di riuscire a guadagnare una svalangata di soldi!

Siate ambiziosi, abbiate progetti grandi, quelli che la gente normale ed insulsa deride perché non sono in grado di arrivare a concepire un genio così grande!
Siate voi i prossimi Luigi Vanvitelli, i prossimi Elon Musk!
DOVETE pensare in grande, non domani, non dopo, ADESSO!

La parola più importante: Perseveranza.

Vediamo prima l'etimologia di questa parola, ad oggi tanto abusata e poco applicata:

Dal latino: *per*= a lungo + *severus*= rigoroso

Cosa si evince da questa etimologia?
Perseverare vuol dire, in buona sostanza, fare qualcosa per molto tempo ed in maniera costante.
Vuoi essere un campione nello sport che pratichi? DEVI allenarti ogni santo giorno e per molto tempo, prima di vincere un trofeo importante
Vuoi raggiungere un qualsivoglia obbiettivo? DEVI impegnarti ogni santo giorno per raggiungerlo e non devi fermarti mai finchè non ci sarai riuscito/a.

Spesso, alle prime difficoltà, è facile mollare la presa. Questo comportamento di felicità momentanea lo ritroviamo spesso nella vita quotidiana. Basti pensare alla scarica di dopamina che dà il controllare le notifiche di Facebook quando dovremmo lavorare a qualcosa di importante. O il mangiare cioccolata se siamo a dieta…
Signori, qui bisogna farsi il culo! Noi non siamo come gli altri. Noi siamo un élite di persone altamente qualificate a raggiungere il successo. Questo NON ci giustifica dal non lavorare meglio e di più per velocizzare questo processo. Non date retta a chi millanta di fare la bella vita, di essere felice, di fare il figo nei locali, nelle auto costose, in barca… è tutto fumo!

Non avete il permesso di mollare. Quando gli altri riposano, voi studiate, lavorate, dimostrate a voi stessi che siete fatti per quello che state facendo!

Non esiste il non cambiare la tua vita perché devi farti il weekend in giro in discoteca o facendo aperitivi.

NON ESISTE IL NON SUCCESSO.

Quando sentirai la fatica, la stanchezza, il dolore, sarà il momento di spingere ancora più forte. Arriverà il momento di godere dei tuoi risultati, ma non ora.

Per citare una frase di una famosa serie: *"What do we say to the God of weakness? NOT TODAY!"*

Andate sempre avanti per la vostra strada. Soffrirete sicuramente, ma è solo così che potrete guardare i piccioni a terra volando all'altezza delle aquile.

Mi merito il mio successo?

In questo capitolo parlerò della "sindrome dell'impostore"

"Più è grande il tuo potenziale, più sarà grande la tua insicurezza.
La presunzione è il premio di consolazione dei mediocri."
Robert Hughes.

Di che cosa si tratta quindi? La sindrome dell'impostore è una
condizione psicologica in base alla quale noi cominciamo a "non
sentirci all'altezza" del risultato raggiunto, come se quello che
abbiamo fatto non fosse merito nostro, bensì di una botta di culo, di
una ruberia nei confronti di terzi, di un danno causato ad altri…
Questo succede perché nella nostra testa non siamo ancora pronti
inconsciamente ad accettare quel risultato straordinario.
Infatti, questa sindrome esce fuori particolarmente quando abbiamo
centrato un obbiettivo importante, in qualsivoglia ambito della
nostra vita.
In particolare, nel business, quando si cominciano a guadagnare
cifre molto alte, che per "la gente comune" sembrano da sogno,
comincia a venir fuori questa paranoia mentale:
"vabbè, mi è andata di culo, speriamo che duri",
"tutti fanno questi numeri, non ho fatto niente di particolare",
"è facile alla fine, non ho qualità particolari e non ho fatto sforzi per
raggiungere questo target",
"se solo gli altri sapessero...".

Ecco, queste sono alcune delle frasi più comuni che la nostra testa
comincia a partorire.
Secondo uno studio condotto dalla Dott.ssa Pauline Clanche,
ricercatrice che per prima ha coniato l'espressione "sindrome

dell'impostore", quasi il 70% della popolazione ha sperimentato almeno una volta nella propria vita questo fenomeno psicologico. Questa sensazione di non sentirci all'altezza, di essere degli imbroglioni che si trovano nel posto sbagliato, spesso emerge quando ci troviamo ad apprendere nuove competenze o a ricoprire un nuovo ruolo di responsabilità.

La diffusione di questa "sindrome" lascia poi pensare che sia la stessa società iper-competitiva in cui viviamo a farci sentire inadeguati.

È inutile frignare e prendersela con la società brutta e cattiva.

È nostra responsabilità prenderci cura del nostro percorso di crescita personale.

Parte della sindrome dell'impostore deriva da un senso di umiltà nei confronti delle nostre capacità.

Questo atteggiamento è sano e può spingerci ogni giorno a migliorarci. Il problema nasce nel momento in cui iniziamo ad essere troppo umili, di fatto diventando dei perenni insicuri

A soffrire maggiormente di questo "fenomeno psicologico" sono quelle persone che tendono ad essere molto critiche nei propri confronti, vuoi perché sono state educate in questo modo o semplicemente per un innato senso del pudore.

Queste stesse persone hanno quasi sempre uno spiccato senso del dovere e se non riescono ad essere all'altezza delle aspettative degli altri, sono terrorizzate da come potrebbero esser giudicate.

Veniamo però al lato pratico: ecco qui 5 strategie che potranno aiutarti a superare questa sindrome, facendoti vivere meglio e rendendoti in grado di godere appieno dei tuoi risultati.

1. Il primo consiglio è il più banale: stai tranquillo/a!

Non prenderti troppo sul serio, non essere troppo perfezionista, è un male per un imprenditore *(good enough is good enough)*.

2. Riconosci i tuoi meriti

Chi si sente un impostore è incapace di interiorizzare i propri successi: è sempre merito della fortuna, di sfide troppo facili, di condizioni di partenza agevolate, etc.

Naturalmente questi aspetti hanno un ruolo nei nostri successi ed è utile riconoscerlo.

Devi però imparare a riconoscere anche il tuo di ruolo: sei tu che hai preso determinate decisioni, sei tu che ti sei fatto il mazzo quadro e quindi sei tu a meritarti certi risultati.

3. Concediti la possibilità di sbagliare

"Non ho fallito. Ho solamente provato 10.000 metodi che non hanno funzionato."
Thomas Edison.

Gli errori, i passi falsi e le bozze imperfette, fanno parte del nostro percorso di miglioramento: se ci facciamo paralizzare dall'idea di dover sempre superare le aspettative degli altri, finiremo col non realizzare nulla.

Paradossale, non trovi?

A forza di rimandare per essere certi del nostro successo, l'unica cosa certa che otteniamo è un insuccesso.

4. Metti la tua sindrome per iscritto

Hai notato che i nostri pensieri, soprattutto quelli negativi, una volta che sono catturati dall'inchiostro di una penna, tendono a diventare più "piccoli"?

Finché permettiamo ad un pensiero negativo di vagare liberamente nella nostra mente, questo proietterà ombre che lo rendono più "grande" e spaventoso, ma nel momento in cui lo mettiamo per iscritto, quello stesso pensiero perderà molta della sua virulenza.

Ecco perché se soffri della sindrome dell'impostore dovresti subito prendere carta e penna ed iniziare a scrivere tutto ciò che pensi: non dovresti meritarti i tuoi successi? Scrivilo. I risultati che hai ottenuto sono stati solo merito della tua fortuna sfacciata? Scrivilo. Gli altri sono molto migliori di te e presto scopriranno che sei solo un imbroglione? Scrivilo.

Se necessario ingigantisci queste tue paure. Chissà, magari vedendo questi pensieri grotteschi nero su bianco, ti verrà anche da sorridere…

5. Ricordati che morirai (e probabilmente lo farai pieno di rimpianti)

Ho deciso di cambiare la mia vita a 25 anni, dopo aver visto un ragazzo della mia stessa facoltà perdere la vita per un albero caduto causa mal tempo.

Mi sono chiesto: se fossi stato al posto di quel ragazzo, sarei morto felice o no? Lì ho deciso di iniziare un mio business, un nuovo progetto PER ME! Nonostante le tante insicurezze…

Beh, scommetto che in questo momento c'è una vocina anche nella tua testa e questa vocina sembra avere ottime motivazioni sul perché non dovresti intraprendere un certo progetto.

Prima che questa vocina prenda il sopravvento, lascia che ti ricordi una semplice verità: tu morirai e se le dai ascolto, morirai pieno di rimpianti.

Ogni momento è buono per cambiare la direzione della nostra vita. Tu cosa scegli oggi?

Hai rimpianti?

COME EVITARE RIMPIANTI A 30/40 ANNI

Spesso mi piace andare su Quora. È un sito dove a qualunque domanda, si trovano le risposte più disparate. Mi sono imbattuto in una domanda molto interessante e ho pensato che potesse essere uno spunto divertente per tutti.

La domanda è: *"What should one do in their 20s to avoid regrets in their 30s and 40s?"*

"Cosa fare nei propri vent'anni per non avere rimpianti a 30 o 40?"

Per quanto mi riguarda, se dovessi incontrare il mio "IO ventenne" gli suggerirei queste 3 parole:

STUDIA. Percorso tradizionale o meno, studia, approfondisci e specializzati acquisendo competenze uniche e di valore, grazie alle quali avere un impatto nel mondo.

FORMA. Instaura quelle abitudini chiave (sport, alimentazione, *deep work*) che ti porterai dietro per una vita intera.

RISCHIA. Sii meno conservativo, se è per una buona causa, rischia di più, sperimenta di più, vivi sempre sull'orlo della tua zona di comfort. Che si tratti di viaggi, idee imprenditoriali o quella ragazza di cui ti sei preso una cotta, rischia.

Soprattutto per i più giovani, è questo il tempo di seminare le abitudini di successo che ci renderanno dei giganti tra qualche anno. Per chi invece è convinto che "sia troppo tardi", ho una buona notizia per voi:

"Anche questo è un paradigma che può essere eliminato". Non è mai troppo tardi.

Conclusione

Siamo persone che portano avanti un business, la cosa fondamentale da fare è l'AZIONE.

Già, perché non basta conoscere e sapere varie teorie di self help, ci vuole la messa in moto della macchina.

Per questo, vorrei che questo anno fosse l'anno dell'azione e non l'anno dei filosofeggiamenti e delle pippe mentali inutili.

Vorrei che quest'anno possa essere per tutti voi l'occasione di agire finalmente e smetterla di non essere "nessuno".

Diventerete, anzi, diventeremo qualcuno solo facendo. Facendo tanto e bene soprattutto!

Non sto dicendo di puntare alla perfezione, perché è nemica dell'azione, ma quantomeno di arrivare al 70% delle cose fatte bene e proseguire, senza impantanarvi nei gingilli e nei ghirigori superflui.

Una volta fatto un piano d'azione, fatelo per voi stessi, agite! Anche se per un solo minuto cazzo, ma agite!

E fatelo adesso!

ABOLITE LA PAROLA "DOPO VEDO", "DOPO FACCIO", "POI VEDIAMO".

NO!

"ORA FACCIO", "ORA AGISCO", "ORA VEDO"!

Cambiate da subito il vostro linguaggio e le azioni seguiranno la vostra mente.

Guardatevi da fuori con occhio supercritico. Veramente siete contenti di comportarvi in questo modo? Cosa penserebbe il vostro io futuro ideale se vedesse quello che siete e fate (anzi, non fate) oggi?

Voglio che questo sia un anno di azione.

Che vada bene o male non mi interessa.

Basta vivere come delle larve cazzo.

Fate una cernita dei vostri obiettivi, pianificate i piccoli step da fare e iniziate da subito a mettervi in gioco.

· **Sarà difficile.**
· **Sarà frustrante.**
· **Sarà noioso.**
· **Non vi faranno i complimenti.**
· **Avrete contro tutto e tutti.**
· **Non vi capiranno.**
· **Sarete voi stessi i vostri primi nemici.**

Se avete letto fin qui, allora, siete pronti a cominciare.

Che sia il vostro anno migliore!